AF329514

PROFESSEUR A L'UNIVERSITÉ DE PARIS

# LE
# PATRIOTISME FRANÇAIS
## DE LA RENAISSANCE A LA REVOLUTION

PARIS

Étienne CHIRON, Éditeur

40, RUE DE SEINE, 40

# LE
# PATRIOTISME FRANÇAIS
## DE LA RENAISSANCE
## A LA RÉVOLUTION

# A. AULARD

PROFESSEUR A L'UNIVERSITÉ DE PARIS

# LE
# PATRIOTISME FRANÇAIS
## DE LA RENAISSANCE
## A LA RÉVOLUTION

PARIS

Etienne CHIRON, Editeur

40, RUE DE SEINE, 40

1921

# AVANT-PROPOS

—

Dans cet essai sur l'histoire du patriotisme français de la Renaissance à la Révolution, j'essaie de donner une idée de ce qu'a été mon enseignement public à la Sorbonne pendant la guerre mondiale.

J'ai voulu alors, dans l'angoisse du danger, servir à la fois ma patrie et la vérité, ou plutôt j'ai voulu servir ma patrie par la vérité. J'ai cru qu'en traçant un tableau des origines et des premiers développements du patriotisme français, je fortifierais, dans mes auditeurs et dans les quelques étudiants que la guerre nous laissait, le sentiment national. J'ai cru bon et utile de montrer que le patriotisme français était historiquement un patriotisme raisonnable, un patriotisme philosophique, inspiré surtout par l'amour de la liberté, et qu'il devint très vite un patriotisme humain. C'est le patriotisme de la Révolution française. On verra dans ce livre comment ce patriotisme est issu du génie même et de l'histoire de la France, comment les patriotes de 1789 et de 1790 (comme d'ailleurs ceux de 1792 et de 1793) sont les disciples des écrivains du xviiiᵉ siècle et même de quelques-uns de ceux du xviiᵉ siècle (1).

Le patriotisme allemand, qu'on a vu, en 1914, conquérant, égoïste et servile, fait ressortir, par le contraste, la beauté du patriotisme français, si idéaliste dans sa forme philosophique et révolutionnaire. Ce contraste, il n'était pas besoin de le marquer par des paroles : tous mes auditeurs l'avaient dans l'esprit, presque sous les yeux, et j'en étais moi-même comme hanté. Le danger était que la haine du patriotisme allemand me poussât à exagérer, dans une vue déni-

(1) Parmi les nombreuses définitions de la patrie qu'ont données les hommes de la Révolution, et où on voit que pour eux patriotisme est à peu près synonyme de démocratie, je citerai celle que Robespierre, dans son rapport du 18 pluviôse an II, fit en ces termes à la tribune de la Convention nationale : «... Qu'est-ce que la patrie, si ce n'est le pays où l'on est citoyen et membre du souverain ? Par une conséquence du même principe, dans les États aristocratiques le mot patrie ne signifie quelque chose que pour les familles patriciennes, qui ont envahi la souveraineté. Il n'est que la démocratie où l'État est véritablement la patrie de tous les individus qui le composent, et peut compter autant de défenseurs intéressés à sa cause qu'il renferme de citoyens... » Sous la Constituante, patrie avait été synonyme de liberté et de Constitution. Ainsi on lit dans le rapport du Comité de Constitution sur les Sociétés populaires (annexé à la loi des 29 et 30 septembre = 9 octobre 1791) : «... Lorsqu'une Constitution fondée sur les droits de l'homme a créé une patrie, un sentiment cher et profond attache à la chose publique tous les habitants de l'Empire. »

grante, la beauté du patriotisme français. Il ne fallait pas que je me laissasse entraîner à suivre l'exemple des professeurs allemands, qui mettent l'histoire, faussée et déformée, au service de leur patrie. J'avais besoin, précisément parce que nous étions en temps de guerre, de m'appliquer plus diligemment que jamais à une pratique minutieuse des règles de la méthode historique, et, quand une colère civique m'agitait, d'être sévèrement exact. Je crois m'être montré, dans ces pages, aussi impartial, aussi véridique qu'en temps de paix.

Cela ne m'a coûté aucun effort douloureux ; je n'ai jamais senti aucune contradiction entre mon devoir d'historien et mon devoir de patriote. C'est que, plus on montre la France dans la vérité de son histoire, plus on la fait aimer. La voir au vrai, c'est, qu'on me passe le mot, la voir en beauté. L'histoire de notre patriotisme nous honore aux yeux des autres nations, parce que, plus on scrute les sources authentiques de cette histoire, plus on voit que le peuple français a été le moins égoïste des peuples.

Oui, ce livre loue la France, mais il la loue par la vérité, par l'exhibition de ses titres de noblesse les plus authentiques, comme ce procès-verbal de la Confédération de Strasbourg en 1790, admirable monument du patriotisme éclairé, tel que je n'en vois point de pareil chez aucune autre nation.

Mes auditeurs et mes élèves, par leur présence

assidue et leur attention amicale, m'ont encouragé à suivre ainsi, pendant la guerre, la méthode que je leur avais enseignée pendant la paix. Ils me donnaient l'exemple du calme intellectuel. En plein bombardement, quand la Sorbonne était comme encadrée par la chute des obus, ils s'asseyaient nombreux dans mon amphithéâtre, même ceux qui avaient passé depuis longtemps l'âge des examens, et quoique rien ne les forçât à venir. Ils sentaient comme moi qu'il fallait, quand on ne pouvait porter les armes (soldat volontaire en 1870, je n'étais plus en âge de le redevenir en 1914), ils sentaient, dis-je, qu'il fallait collaborer au maintien de la vie spirituelle de la nation, source profonde de la défense nationale, source profonde de l'avenir.

Ce qu'on dit du haut d'une chaire de Sorbonne a de l'écho dans le pays et même au delà des frontières, en dépit des circonstances de guerre. J'ai pensé que ce cours ferait mieux aimer la France.

Je ne le donne pas sous la forme de leçons. J'improvise, et n'ai point de sténographe. D'ailleurs, la sténographie d'un cours improvisé est rebutante. Le professeur, s'il voit que les auditeurs ne comprennent pas bien, répète. Les répétitions aident parfois les auditeurs et les encouragent. Elles fatiguent les lecteurs et les découragent. Si simplement qu'on parle, il y a un tour oratoire, qui choque dans le livre. Villemain, Guizot, Saint-Marc-Girardin, pour ne parler que des morts, sont parfois, à la lecture, lassants par l'éloquence. J'ai préféré tout refaire, en suivant mes notes, que j'avais gardées, et qui étaient assez complètes. Je n'ai donc point divisé en leçons, mais en chapitres, et, selon mon habitude, j'ai indiqué toutes mes références au bas des pages, afin qu'on pût toujours me contrôler.

Ce cours a été fait pendant les deux années scolaires 1914-1915 et 1915-1916. Je ne donne, cette fois-ci, que les résultats de la première année. C'est donc un ouvrage inachevé. Je ne vais que jusqu'aux fédérations inclusivement, c'est-à-dire jusqu'à la formation révolutionnaire de la patrie. J'ajoute un chapitre sur les émigrés : ces anti-patriotes font mieux comprendre, par le contraste, les patriotes d'alors. Et je m'arrête là, plutôt faute de place que faute de matière. Dans mon cours de 1915-1916, j'ai parlé d'autres anti-patriotes, de ceux qui livrèrent Toulon aux Anglais ; j'ai parlé du patriotisme français, des généraux étrangers au service de la France, du patriotisme républicain, de ce patriotisme en sa forme montagnarde, en sa forme religieuse, de ses saints, de ses martyrs, du caractère unitaire du même patriotisme, du sans-culottisme, des sociétés populaires, écoles et foyers de patriotisme révolutionnaire, de l'instruction publique à ce point de vue.

Si je n'ai pas le temps ou la force de faire un second volume avec ces leçons, je renvoie le lecteur à de pré-

cédents écrits où j'ai touché à ces sujets, à mon livre :
*Le Culte de la Raison et le Culte de l'Être suprême*, à
mes *Études et Leçons*, et surtout à mon *Histoire politique de la Révolution française*.

A. AULARD.

# LE PATRIOTISME FRANÇAIS

## DE LA RENAISSANCE A LA RÉVOLUTION

## CHAPITRE PREMIER

### Patrie, patriotisme, des origines à la fin du règne de Louis XIV

I. Le mot *patrie* au xvi⁰ siècle. — II. Les origines du patriotisme français. Jeanne d'Arc. Alain Chartier. Les Etats généraux de 1483. François I⁰ʳ. La Ligue. — III. Louis XIV. Patriotisme républicain dans Corneille, La Bruyère, le chancelier d'Aguesseau. — IV. Patriotisme humanitaire dans Bossuet, Fénelon, La Mothe le Vayer. — V. Emploi des mots *patrie, patriote, nation, pays.*


I


En France, qu'était la patrie avant 1789? Qu'était le patriotisme sous l'ancien régime?

L'histoire du mot de patrie est un peu l'histoire de la chose et du sentiment.

C'est évidemment un mot de formation savante, c'est-à-dire non spontanée ni populaire. On le chercherait vainement dans les monuments authentiques de notre langage au Moyen Age, dans les Chansons de gestes, par exemple.

De quand date-t-il ?

Les dictionnaires de Lacurne Saint-Palaye et de Littré en signalent un exemple au xvᵉ siècle dans Jean Chartier, historien de Charles VII. Mais M. A. Thomas a démontré que c'est une interpolation de l'éditeur de 1661 (1).

Divers écrivains, entre autres Henry Houssaye, ont cru que Jeanne d'Arc avait employé le mot de patrie dans une de ses réponses aux juges qui la condamnèrent. C'est encore M. A. Thomas qui a réfuté cette erreur (2). Il s'agit de l'interrogatoire de Jeanne d'Arc du 12 mai 1431, dont on a la minute en français. (C'est en français que Jeanne fut interrogée.) Quand ses juges lui demandèrent « si l'ange qui apporta le signe ne parla point », Jeanne répondit « que ouil et qu'il dist à son roy que on la mist en besoingne et que le païs serait tantôt allégé » (3). Elle dit donc *pays*, et non *patrie*. Après coup, l'interrogatoire fut mis en latin, et on traduisit les derniers mots par ceux-ci : *patria statim alleviata*.

Il est cependant remarquable et intéressant qu'on ait cru devoir, alors, traduire *pays* par *patria*, et non par *regnum*, qui était le mot usuel en pareil cas.

(1) *Revue des Idées*, 15 juillet 1906. — Bibl. nat., Z 5797, in-8°.

(2) *Ibid.*

(3) Quicherat, I, 126.

C'est une preuve que le sentiment patriotique était
répandu, qu'il n'existait pas seulement dans le cœur
de Jeanne d'Arc, et que le mot *pays*, pas plus que le
mot *regnum*, ne semblait plus suffisant à un lettré
pour exprimer ce sentiment.

On a cru aussi que le mot de *patrie* avait été prononcé aux États généraux de 1483, et que même il y
avait retenti comme un refrain.

Il existe un récit contemporain, le journal de Masselin, en latin dans l'ensemble. L'abbé Garnier, continuateur de l'*Histoire de France* de Velly, a utilisé ce
journal, et, dans son tome XIX, paru en 1768 (1), l'a,
dit-il, traduit par extraits. Cette traduction de Garnier a été comme consacrée, en 1827, par la repro-
duction qu'en a faite Isambert, au tome XI de son *Recueil des anciennes lois françaises* (2).

On y voit que le chancelier, dans sa première
harangue aux États, invoque « le salut de la patrie »,
adjure les princes, « au nom de la patrie, notre mère
commune, d'oublier tout esprit de parti ». Philippe
Pot dit aux États que ce n'est pas seulement la raison
qui leur prouve qu'ils ont le droit de régler l'administration et la forme du Conseil : « La patrie, dit-il,
vous y exhorte par la bouche de son premier magistrat. » Dans sa seconde harangue, le chancelier invite
les États à la concorde « par cet amour que tous les
citoyens doivent à la patrie ». Dans son discours de

(1) Bibl. nat., L 55/134, in-12.
(2) Isambert, t. XI, p. 20, 21, 26, 76, 79. 88.

clôture, il dit : « Messeigneurs des États, les travaux
que vous avez entrepris pour la patrie sont au-dessus
de tous les éloges que j'en pourrais faire (1). »

Or, si on se reporte au journal même de Masselin,
édité depuis dans la Collection de documents inédits
publiés par le ministre de l'Instruction publique, on
n'y retrouve nulle part le mot de *patrie*.

On n'y retrouve même pas les phrases où l'abbé
Garnier a mis ce mot, à l'exception de la dernière,
celle où il fait dire au chancelier : « ...Les travaux
que vous avez entrepris pour la patrie ». Mais, dans le
texte latin de Masselin, p. 594, il y a, non *pro patria,*
mais *pro republica regni.*

Les traductions de Garnier ne sont que des adapta-
tions au goût du xviiie siècle.

Il n'y a donc aucune preuve que le mot de *patrie*
ait été employé dès le xve siècle. Il semble qu'on
puisse affirmer que ce néologisme ne parut que dans
la première moitié du xvie siècle. On le trouve
en 1539 dans le *Songe de Scipion traduit nouvellement du latin en français* (2). On le trouve en 1544

_____________

(1) Garnier, t. XIX, p. 344, et Isambert, t. XI, p. 88.
(2) Voir un article de M. H. Vaganay dans la *Revue d'histoire
littéraire de la France,* avril-juin 1920. Ce n'était même pas
alors, en 1539, tout à fait un néologisme. Dans un avis au
lecteur, le traducteur anonyme de ce *Songe de Scipion* (paru
en 1539, mais dont le privilège est daté du 31 janvier 1538)
essaie de donner le droit de cité au mot *Globe,* et il dit à ce
propos : « Et pourquoy *Globe* ne sera aussi bien reçue que
*Patrie?* de laquelle diction je voy aujourdhuy plusieurs
usurper. »

dans la traduction de deux dialogues du Platon par Etienne Dolet et dans la *Délie* de Maurice Scève ; en 1545, dans Salel ; en 1546 dans Rabelais (1). Quelques-uns croient qu'il fut employé plus tôt encore, par Guillaume Budé, qui est mort en 1540 ; mais l'ouvrage où on a relevé ce mot, à savoir *l'Institution d'un prince*, est posthume, et on ne peut affirmer que ce ne soit pas l'éditeur qui y ait inscrit le mot patrie. Un érudit, M. Delboulle (2), a cru trouver ce mot, dès 1537, dans Claude Gruget, traduction des *Diverses leçons* de *P. Messie* (Pedro Mexia). Mais la première édition de cet ouvrage que l'on connaisse est de 1552 (3).

Après ses premières apparitions, *patrie* resta quelque temps un mot rare.

Quand Joachim du Bellay, en 1549, dans sa *Deffence et illustration*, écrit : « L'affection naturelle envers ma patrie », le mot sonne d'une étrange nouveauté aux oreilles d'un contemporain, Charles Fontaine, qui objecte à du Bellay : « Qui a Pays n'a que faire de Patrie. Duquel nom Pays venu de fontaine grecque tous les anciens poètes et orateur françoys en ceste signifiance ont usé ; et toy mesme aussi au 4<sup>e</sup> chapitre du premier. Mais le nom de Patrie est obliquement entré et venu en France nouvellement avec les autres corruptions italiques : duquel mot n'ont voulu

_______________

(1) Cf. A. Thomas, article cité.
(2) *Revue d'histoire littéraire de la France*, année 1901.
(3) Cette édition de 1552 ne se trouve pas à la Bibliothèque nationale. Le *British Museum* en possède un exemplaire.

user les anciens, craignant l'escorcherie du latin, et se contentant de leur propre, et bon (1). »

Charles Fontaine a beau dire et beau faire : le mot est lancé. Il devient d'un usage courant dans la seconde moitié du xvi⁰ siècle (2). Il exprime un sentiment qui correspond à un commencement sérieux d'unification de la France. Il exprime aussi une nouvelle manière d'aimer la France, une manière de l'aimer comme les Athéniens aimaient Athènes ou comme les Romains aimaient Rome. L'humanisme restaure, en s'appliquant à notre pays, le patriotisme antique : d'où la francisation du mot latin *patria*.

Ce patriotisme antique, à la manière grecque, à la manière romaine, se greffant sur le patriotisme moderne tel qu'il s'était développé en France au xv⁰ siècle, produira le patriotisme de la Révolution française, à la fois national par l'histoire et gréco-romain par la tradition de collège.

(1) *La deffence et illustration de la langue françoise*, suivie du *Quintil Horatian*, éd. Person. Paris, L. Cerf, 1892, in-8. — Amyot, dans son épitre dédicatoire à Henri II (1559), évite d'employer le mot de patrie, au moment même où il distingue ce que nous appelons le patriotisme du citoyen dans les républiques antiques d'avec le patriotisme du sujet dans une monarchie : « Ceux, dit-il, qui de père en filz sont nez ou habituez soubs une juste, légitime et hereditaire principauté comme la vostre, Sire, doyvent, à mon jugement, au service de leur prince la dévotion que les sept anciens attribuaient à la charité du païs où lon a pris naissance. »

(2) Voir, par exemple, les mots *Matrie, Païs, Patrie*, dans la Table alphabétique du *Plutarque* d'Amyot, t. XXV, de l'édition Didot (1818-1821). — Bibl. nat., Inv. G. 11097, in-8⁰.

## II

Les origines du patriotisme français, avant l'humanisme, doivent évidemment être reportées à l'époque où il a commencé à exister une France en tant qu'unité géographique ou en tant que personne morale (1).

Quelle est cette époque ?

Tout ce qu'on peut dire, c'est que le mot de *France* est aussi vieux que la langue. On se rappelle, dans la *Chanson de Roland*, ce cri de Roland à Roncevaux :

*Terre de France, mult estes dulz païs !*

Ce qu'il faut dire aussi, c'est que le roi était le chef et le symbole de cette France commençante.

Le roi eut-il très tôt un sens vraiment national ? En lui, le sentiment des intérêts de la nation l'emporta-t-il d'abord sur le sentiment des intérêts de sa maison ?

Par le traité d'Abbeville, en 1259, saint Louis livra à Henri III, roi d'Angleterre, le Limousin, le Périgord, une partie du Quercy et de la Saintonge. Les gens de son Conseil protestèrent. Réponse de saint Louis,

---

(1) Il y a un livre de Charles Lenient dont le titre m'a attiré : *La poésie patriotique en France au Moyen Age* (Paris, 1891, in-16). Je n'y ai rien trouvé qui se rapporte à mon sujet, et nulle part n'y est justifiée cette épithète de *patriotique* donnée par l'auteur à la poésie française au Moyen Age.

d'après Joinville : « La terre que je lui donne, je ne la donne pas comme chose dont je sois tenu à lui, mais pour mettre amour entre mes enfants et les siens, qui sont cousins germains (1). »

D'une manière générale, peut-être pourrait-on dire qu'au xiii° siècle l'idée féodale et l'idée chrétienne tiennent dans les esprits la place de l'idée de patrie (2)..

On pourrait faire dater l'ère nationale en France des États généraux de 1302, où Philippe le Bel opposa la nation au pape.

Au milieu du xiv° siècle, Paris, sous Etienne Marcel, montra un sentiment national, qui mériterait le nom patriotisme.

C'est alors que Paris inaugure son rôle de capitale politique : il dirige les États généraux de 1356, presque comme il dirigera, en 1793, la Convention nationale.

Au xiv° siècle, la France prend conscience de sa personnalité ; elle veut être une nation indépendante ; elle veut séparer ses destinées de celles de l'Angleterre.

Quand le traité de Brétigny, en 1360, eut cédé aux

(1) Cf. Edme Champion, *L'Unité nationale*, dans la revue la *Révolution française*, t. XIX, p. 6 et 9.

(2) Vincent de Beauvais, dans son *Speculum doctrinale*, a un chapitre intitulé : *De amore patriæ*. Mais, il n'y est question que des patriotismes antiques. Voir ses *Œuvres*, éd. de Douai, 1624, sous le titre de *Bibliotheca mundi*, t. II, p. 326. — Bibl. nat., Inv., G. 789 in-folio.

Anglais une grande partie de la France de l'Ouest et du Sud-Ouest, il s'éleva des protestations populaires. Les gens s'irritaient ou pleuraient à l'idée de devenir Anglais. Ainsi à la Rochelle. Ainsi à Cahors. Les Etats du Rouergue discutèrent trois fois avant de se soumettre (1).

Au xv<sup>e</sup> siècle, l'expulsion des Anglais par l'intervention de Jeanne d'Arc est peut-être la première et nette manifestation d'un patriotisme français militant (2).

Un contemporain de Jeanne d'Arc, le poète Alain Chartier, mort en 1449, quoiqu'il ne prononce pas le mot de patrie, a un tel sentiment de la France qu'il la voit et la montre sous les traits d'une personne. Dans son *Quadriloque invectif*, qui parut vers 1427 (3), la France est une dame : « Ses blans cheveux, qui a fin or es!rivoient de couleur, veissiez respandus et degettez sans aournement au travers de ses épaules : et une couronne sur son chief portoit qui par divers hurs si fort estoit esbranlée que jà panchoit de costé enclinée moult durement ». Un des manuscrits de cet ouvrage, à la Bibliothèque nationale, a une miniature qui offre deux sujets. Paulin Paris les décrit ainsi : 1° Devant un château aux fenêtres duquel sont appen_

---

(1) H. Hauser, *Le principe des nationalités, ses origines historiques*. Paris, 1916, in-8 ; p. 12.

(2) Sur le patriotisme au temps de Jeanne d'Arc, voir Anatole France, *Vie de Jeanne d'Arc*, t. I, p. LXVIII à LXXII.

(3) Voir G. Maucel, *Alain Chartier, étude bibliographique et littéraire*, Bayeux, 1849, in-8. — Bibl. nat., Ln 27/34 486.

ducs les bannières du roi et des princes du sang, noblesse, clergie et chevalerie disputent devant France, dont le manteau d'azur est couvert de fleurs de lis. 2° Dans le second sujet, France soutient de son bras droit l'un des murs du château, qui semble tomber en ruines. A côté de la France sont les figures du peuple terrassé, de chevalerie indolemment appuyée sur sa hache, enfin de clergie, qui ne semble vouloir rien empêcher ni réprimer (1). Dans ce *Quadriloque*, « dame France » reproche aux « lâches Français » leur volupté et avarice. Le « pauvre peuple allègue ses doléances et injures à dame France ».

En un autre ouvrage : *L'espérance ou consolation des trois vertus*, Alain Chartier personnifie encore la France, sans la confondre avec la royauté. Elle fait « de piteux regrets sur l'affliction du pouvre peuple françois » (2).

Les Etats de 1468 se montrent fortement attachés au principe de l'unité nationale, en même temps qu'animés d'un esprit démocratique.

Après le règne centralisateur de Louis XI viennent les Etats de 1483, encore plus unitaires, et aussi encore plus démocratiques.

(1) Paulin, Pâris, *Les manuscrits françois de la Bibliothèque du roi*, tome I, p. 232.

(2) Œuvres d'Alain Chartier, éd. Duchesne, 1617, in-4. Ronsard se souvenait sans doute d'Alain Chartier, quand, dans la *Continuation du discours des misères de ce temps*, il évoqua « l'idole de la France ». *Œuvres complètes*, éd. Laumonier, t. V, p. 346.

« Les formes mêmes de la convocation et de l'élection des députés semblent indiquer combien les idées d'unité et celles d'égalité avaient fait de progrès sous le dernier règne. Les 281 députés qui composaient les Etats étaient vraiment la représentation de la France entière. Toutes les provinces de la Langue d'Oc et de la Langue d'Oil avaient pris part aux élections. Les élections s'étaient faites par bailliage, pour les trois ordres. Ce qui n'est pas moins nouveau, c'est que, dès le début, les députés délibèrent, non par ordre, mais par bureaux, chacun des six bureaux représentant une région de la France. On voit que Louis XI n'avait pas travaillé en vain à effacer les différences des classes et à centraliser le gouvernement (1). »

Rien ne caractérise mieux le développement du patriotisme que le discours démocratique, unitaire et national de Philippe Pot à ces Etats : « ...Le peuple a deux fois le droit de diriger ses affaires, d'abord parce qu'il en est le maître, ensuite parce qu'il est toujours victime d'un mauvais gouvernement. J'appelle peuple, non seulement la plèbe, mais encore tous les hommes de chaque ordre, et, sous le nom d'Etats généraux, je comprends même les princes... Ainsi vous, députés des Etats générux, vous êtes les dépositaires de la volonté de tous... (2). »

En somme, les Etats généraux, au xiv<sup>e</sup> siècle et au

(1) *Histoire des États généraux*, par R. Jallifier, Paris, L. Cerf, s. d., 1885, in-8°; p. 88. — La lecture de cet instructif petit livre ne saurait être trop recommandée.
(2) *Ibid.*, p. 93.

xv°, tendirent à organiser la France en patrie, à ne pas faire consister la nation uniquement dans le roi, à établir le droit de la nation, principalement par le vote de l'impôt. Au xiv° siècle surtout, ils essayèrent de limiter la royauté et d'émanciper la nation (1).

Le sentiment de l'unité nationale devient puissant au xvi° siècle, en même temps que le schisme de la Réforme, en rompant l'unité de la république chrétienne, hâte la formation des consciences nationales (2). La gloire et les malheurs de François I<sup>er</sup> sont nationaux ou ont un air national. Quand le traité de Madrid eut cédé la Bourgogne, les États de cette province refusèrent d'être séparés de la France. Dans la controverse qui s'éleva à ce sujet, devant l'opinion publique, François I<sup>er</sup> déclara : « Il est fondé en droit qu'on ne peut nulles villes ou provinces contre la volonté des habitants et sujets transférer en autre, sinon par leur consentement exprès. » C'est déjà le patriotisme révolutionnaire (3).

Les déchirements de la Ligue peuvent être considérés presque autant comme la convulsion d'un

(1) Voir, dans la *Grande Encyclopédie*, l'article *États généraux*, par M. Ch.-V. Langlois.

(2) Luther et Calvin, en substituant la langue vulgaire de chaque nation au latin, langue universelle de l'Eglise facilitent l'expression de chaque sentiment national. M. Hauser a fort bien dit (*ouvrage cité*) : « On ne saurait évaluer trop haut l'importance de ce grand fait : la nationalisation de la prière. »

(3) Cf. Hauser, *ouvrage cité*.

sentiment national que comme la lutte des passions religieuses.

Même les États généraux de la Ligue (1593), quand ils veulent éliminer un roi protestant et obtenir un roi catholique, invoquent, à leur façon, l'unité nationale, dans Paris insurgé. Dès qu'ils apprennent qu'Henri IV a abjuré, se fait catholique, ils se décident à le reconnaître, se bornant, pour sauver les apparences et la transition, à demander au pape si cette abjuration est valable. Puis ils se prorogent jusqu'à l'époque où la réponse du pape sera connue, et, dans la séance où ils décident cette prorogation (4 août 1593), « les États généraux de France, assemblés à Paris pour adviser aux moyens de défendre et conserver la religion catholique, apostolique et romaine, et remettre, s'il est possible, ce royaume tant affligé en son ancienne dignité et splendeur », promettent et jurent « de demeurer unis ensemble pour un si bon et sainct effet » (1).

Le but national de cette attitude n'est point exprimé avec la netteté qui éclatera dans le serment du Jeu de paume, mais c'est déjà comme une sorte de précédent historique à ce serment.

III

L'échec des États généraux de 1614-1615, la nonréunion d'autres États au XVIIᵉ siècle, la suspension du

_______

(1) *Procès-verbaux des États parisiens de* 1593, publiés par A. Bernard, Paris, 1842, in-4°, p. 336.

droit de remontrance, les atteintes portées aux libertés communales eurent pour résultat d'absorber, pour ainsi dire, la patrie dans le roi.

Bossuet est le théoricien de cet état de choses. Pour lui, en effet, la patrie « est le prince, puisque tout l'Etat est en la personne du prince ». « Il faut, dit-il, faire concourir ensemble le service qu'on doit au prince et celui qu'on doit à l'Etat, comme choses inséparables (1). »

Le mot qu'une légende a longtemps prêté à Louis XIV : *L'Etat, c'est moi*, exprime bien et la réalité d'alors et les sentiments personnels de ce roi. Dans ses Mémoires, il plaint le sort du roi d'Angleterre, qui écoute son Parlement : « Il est certain, dit-il, que cet assujettissement, qui met le souverain dans la nécessité de prendre la loi de son peuple, est la dernière calamité où puisse tomber un homme de notre rang. » « C'est à la tête seulement qu'il appartient de délibérer et de résoudre, et toutes les fonctions des autres membres ne consistent que dans l'exécution des commandements qui leur sont donnés. » Il ne veut pas « du pouvoir qu'un peuple assemblé s'attribue ». C'est là, dit-il, « la misère de nos voisins ». Il dit à son fils : « ...Dans l'Etat où vous devez régner après moi, vous ne trouverez point d'autorité qui ne se fasse honneur de tenir de vous son origine et son caractère; point de corps de qui les suffrages osent s'écarter des termes du respect;

______

(1) *Politique tirée de l'Ecriture sainte,* VI, 1.

point de compagnie qui ne se croie obligée de mettre sa principale grandeur dans le bien de votre service et son unique sûreté dans son humble soumission. » S'il y a « désordre général » dans le royaume, cela vient de l'injustice des agents du roi, qui exécutent mal les ordres royaux et pressurent le peuple : « Au lieu d'un seul roi que les peuples devraient avoir, dit Louis XIV, ils ont à la fois mille tyrans, avec cette différence pourtant que les ordres du prince légitime ne sont jamais que doux et modérés, parce qu'ils sont fondés sur la raison, tandis que ceux de ces faux souverains, n'étant inspirés que par leurs passions déréglées, sont toujours injustes et violentes (1). » L'idéal de Louis XIV, ce serait donc que le roi pût régir la nation par lui-même, sans l'intermédiaire d'agents ayant une volonté ou des sentiments personnels.

Si le despotisme de Louis XIV, en fortifiant l'unité nationale, renforça la patrie, l'accrut physiquement, territorialement, il altéra le patriotisme, en le faisant consister surtout dans l'obéissance au roi.

Les Français éclairés ne se résignèrent pas à cette complète absorption de la patrie dans le roi. Deux formes révolutionnaires de la patrie, du patriotisme, apparurent alors, au moins dans la littérature.

C'est d'abord la forme *libérale* du patriotisme, l'expression de cette opinion qu'il y a de patrie que s'il y a liberté.

(1) *Mémoires de Louis XIV*, éd. Dreyss, t. II, p. 6 à 9 et 405.

Le théâtre de Corneille, qui obtint tant de succès à l'époque où le pouvoir de Louis XIV fut le plus absolu, est une école de patriotisme, mais non d'un patriotisme obéissant : c'est un patriotisme romain, républicain. Corneille offre l'idée et l'amour d'une patrie autre que celle qu'on aura sous Louis XIV.

A la fin du xvii° siècle, La Bruyère ose écrire, avec une franchise et une netteté qui font voir qu'il n'était pas seul de son avis : « Il n'y a point de patrie dans le despotisme ; d'autres choses y suppléent : l'intérêt, la gloire, le service du prince. » «Que me servirait..., comme à tout le peuple, que le prince fût heureux et comblé de gloire, par lui-même et par les siens, que ma patrie fût puissante et formidable, si, triste et inquiet, j'y vivais dans l'oppression ou dans l'indigence (1)? »

Un peu plus tard, Vauban dira : « ... Je suis Français, très affectionné à ma patrie... (2). » Sans doute, on ne peut affirmer qu'il prenne le mot exactement dans le sens où l'avait pris La Bruyère. Mais ce « patriote », comme Saint-Simon l'appela, rêvait pour son pays des réformes de liberté.

Ce qui montre bien que l'idée de La Bruyère était dans beaucoup d'esprits, c'est qu'au lendemain même de la mort de Louis XIV cette idée fit explosion dans une Mercuriale du chancelier d'Aguesseau (3), où

(1) Chapitre x : *Du Souverain ou de la République.*
(2) *Projet d'une dîme royale*, 1707, in-4°, p. 2.
(3) Dix-neuvième mercuriale, dans les *Œuvres* de d'Aguesseau, éd. Pardessus, t. I, p. 226 à 236.

l'orateur officiel la présente comme courante, définissant la patrie et le patriotisme dans les termes mêmes dont se serviront les hommes de la Révolution.

Si d'Aguesseau voit dans le patriotisme le « lien sacré de l'autorité des rois et de l'obéissance des peuples », il ajoute aussitôt : « Mais cet amour presque naturel à l'homme, cette vertu que nous connaissons par sentiment, que nous louons par raison, que nous devrions suivre même par intérêt, jette-t-elle de profondes racines dans notre cœur ? Et ne dirait-on pas que ce soit comme une plante étrangère dans la monarchie, qui ne croisse heureusement et qui ne fasse goûter des fruits précieux que dans la république ? »

Et, avec une audace tranquille, ce magistrat vante en 1715 l'état républicain, du ton d'un patriote, non pas même de 1789, mais de l'an II.

« Là, dit-il, chaque citoyen s'accoutume de bonne heure, et presque en naissant, à regarder la fortune de l'État comme sa fortune particulière (1). Cette égalité parfaite et cet esprit de fraternité civile, qui ne fait de tous les citoyens que comme une seule famille, les intéresse tous également aux biens et aux maux de leur patrie. Le sort d'un vaisseau dont chacun doit tenir le gouvernail ne saurait être indifférent.

(1) C'est ce que dira Voltaire (*Œuvres*, éd. Didot, t. V, p. 551), dans ses *Pensées sur l'administration publique*, écrites vers 1753 : « Un républicain est toujours plus attaché à sa patrie qu'un sujet à la sienne, par la raison qu'on aime mieux son bien que celui de son maître. »

L'amour de la patrie devient une espèce d'amour-propre. On s'aime véritablement en aimant la République, et l'on parvient enfin à l'aimer plus que soi-même. »

Et il rappelle « l'inflexible Romain », qui immola ses enfants au salut de la République.

« Serons-nous donc réduits, s'écrie-t-il, à chercher l'amour de la patrie dans les Etats populaires et peut-être dans les ruines de l'ancienne Rome ? Le salut de l'Etat est-il donc moins le salut de chaque citoyen dans les pays qui ne connaissent qu'un seul maître ? Faudra-t-il y apprendre aux hommes à aimer une patrie qui leur donne ou qui leur conserve tout ce qu'ils aiment dans leurs autres biens ? Mais en serons-nous surpris ? »

Combien y en a-t-il qui vivent et qui meurent sans savoir même s'il y a une patrie !

« Déchargés du soin et privés de l'honneur du gouvernement, ils regarderont la fortune de l'Etat comme un vaisseau qui flotte au gré de son maître, et qui ne se conserve ou ne périt que pour lui. Si la navigation est heureuse, nous dormons sur la foi du pilote qui nous conduit. Si quelque orage imprévu nous réveille, il n'excite en nous que des vœux impuissants, ou des plaintes téméraires, qui ne servent souvent qu'à troubler celui qui tient le gouvernail ; et quelquefois même spectateurs oisifs du naufrage de la patrie, telle est notre légèreté, que nous nous en consolons par le plaisir de médire des acteurs. Un trait de satire, dont le sel nous pique par sa nouveauté, ou nous réjouit par sa malignité, nous dédommage de tous les malheurs publics ; et l'on dirait que nous cherchons plus à venger la patrie par notre critique, qu'à la défendre par nos services. »

Les particuliers en viennent à opposer leur intérêt à celui du public.

« On désirerait même de pouvoir faire passer ses sentiments jusque dans le cœur du souverain ; et par combien d'artifices n'essaie-t-on pas de lui persuader que l'intérêt du prince n'est pas toujours l'intérêt de l'Etat ! »

« Faut-il qu'un succès trop heureux soit quelquefois la récompense de ceux qui divisant ainsi deux intérêts inséparables, voudraient s'il était possible, avilir la patrie aux yeux de celui qui en est le père ? »

Dans cette patrie livrée à l'avidité de ses citoyens, les sages un peu faibles tombent dans l'indifférence : « Dans le sein de la mollesse, ou dans un cercle d'amusements, ils se font une espèce de patrie à part, où, comme dans une île enchantée, on dirait qu'ils boivent tranquillement les eaux de ce fleuve qui faisait oublier aux hommes les biens et les maux de leur ancienne patrie. »

« Ceux-mêmes qui donnent à ce dégoût de la République le titre spécieux de philosophie sont-ils plus dignes de nos louanges ? »

Non : insensibles aux besoins de leurs concitoyens, ils ont au fond le même but que les ambitieux, puisqu'ils cherchent « une espèce de royauté dans l'indépendance de leur vie. »

« Où trouverons-nous donc la patrie ? L'intérêt particulier la trahit, la noblesse l'ignore, une vaine philosophie la condamne. Quel étrange spectacle pour le zèle de l'homme public ! Un grand royaume et point de patrie ; un peuple nombreux et presque plus de citoyens. »

IV

J'ai dit qu'on assiste, dès le xvii⁰ siècle, à l'éclosion de cette idée, qu'il n'y a patrie que là où il y a liberté.

Il y eut alors deux célèbres applications de cette idée.

C'est d'abord l'émigration des puritains anglais, qui, persécutés dans leur pays natal passèrent en Amérique, beaucoup moins pour y fonder des colonies et s'enrichir, que pour s'y fonder une patrie. C'est ce qu'ils firent en effet, et le spectacle de ces fondations de patries libres de l'autre côté de l'Océan frappe les imaginations françaises (1).

C'est aussi l'émigration des protestants français, après la révocation de l'édit de Nantes : ils cherchèrent et trouvèrent une patrie en Prusse, eu Hollande, en Angleterre. Je reviendrai sur ces faits, à propos de la Révolution française.

Il y a donc, au xvii⁰ siècle et au commencement du

_________

(1) Sur ce sujet, voir mes *Etudes et Leçons sur la Révolution française*, 8⁰ série, Paris, Alcan, 1821, in-16.

xviii°, une forme libérale du patriotisme ; il y a aussi une forme humanitaire.

L'idée d'un patriotisme humanitaire vient des Grecs et des Romains.

Elle s'exprime au xvi° siècle, notamment dans Montaigne, qui est ce que nous appelons aujourd'hui un internationaliste. Il écrit : « Non parce que Socrates l'a dit, parce qu'en vérité c'est mon humeur, et à l'aventure non sans quelque tort, j'estime tous les hommes mes compatriotes et embrasse un Polonais comme un Français, postposant cette lyaison nationale à l'universelle et commune (1). »

C'est aussi une idée chrétienne.

Ainsi Bossuet a un sentiment très net et très ample des devoirs d'un Français envers l'humanité : « Le partage des biens entre les hommes, dit-il, et la division des hommes mêmes en peuples et en nations ne doit point altérer la société générale du genre humain (2). » « Si l'on est obligé d'aimer tous les hommes et qu'à vrai dire il n'y ait point d'étranger pour le chrétien, à plus forte raison doit-il aimer ses concitoyens. Tout l'amour qu'on a pour soi-même, pour sa famille et pour ses amis se réunit dans l'amour qu'on a pour sa patrie, où notre bonheur et celui de nos familles et de nos amis est renfermé (3). »

(1) *Essais*, livre III, chap. ix. (Ed. Jouaust, t. VI, p. 165).
(2) *Politique tirée de l'Ecriture sainte*, I, 5.
(3) *Ibid.*

Si Fénelon dit que toutes les passions doivent céder à l'amour de la patrie, qu'il n'est pas permis de l'abandonner, quand elle serait injuste ou ingrate, qu'il n'y a jamais d'excuse pour ceux qui s'élèvent contre elle (1), s'il affirme que la « patrie n'est autre chose que la réunion de tous les pères de famille dans une même société » (2), son ami, le chevalier de Ramsay, lui a entendu dire : « Tous les hommes étaient originairement membres d'une même famille : ils ne parlaient qu'une même langue, ils ne devaient avoir tous qu'une même loi ; mais, ayant perdu ce principe d'union qui les aurait rendus tous également citoyens de l'univers, il n'était plus à propos que le monde leur fût commun à tous. Pour les empêcher d'être errants et vagabonds sur la terre, sans ordre, sans union, sans règle, il était nécessaire de les fixer et de les attacher à des sociétés particulières, par la différence des langues, des lois et des climats (3). » Ces sociétés particulières, ce sont les patries, que les hommes ne sont libres ni de choisir ni d'abandonner. Mais l'amour de ces patries particulières ne doit pas éteindre l'amour de la patrie générale. Dans le dialogue : *Socrate et Alcibiade*, Fénelon fait dire à Socrate : « Chacun doit infiniment plus au genre humain, qui est la grande patrie, qu'à la patrie particulière dans laquelle il est né. »

(1) Fénelon, *Œuvres*, éd. Le Clère, 1830, t. XIX, p. 265, 267, 434. — Bibl. nat., Inv., Z 27718, in-8.
(2) *Ibid.*, t. XXII, p. 339.
(3) *Ibid.*, p. 340.

Dans le milieu même du siècle, dès 1654, l'éloquent sceptique La Mothe le Vayer protesta, à un point de vue humanitaire, contre les excès du patriotisme, même républicain, même à la romaine. Il opposa aux Romains la Grèce aux vues larges : « Anaxagore, dit-il, montrait le ciel du bout du doigt, quand on lui demandait où était sa patrie. Diogène répondit qu'il était cosmopolite ou citoyen du monde, sur une semblable question. Cratès le Thébain, ou le Cynique, se moqua d'Alexandre, qui lui parlait de rebâtir sa patrie, lui disant qu'un autre Alexandre que lui la pourrait venir détruire pour la seconde fois. Et la maxime d'Aristippe, aussi bien que de Théodore, était qu'un homme sage ne devait jamais hasarder sa vie pour des fous, sous ce mauvais prétexte de mourir pour son pays. » Ceux qui préfèrent l'amour de la liberté à l'amour de la patrie voient dans cet amour de la patrie « une erreur utile et une tromperie nécessaire pour faire subsister les empires, ou toute sorte d'autres dominations ».

La Mothe le Vayer accepte cependant le patriotisme. Mais il s'indigne de le voir si souvent xénophobe. Que de grands hommes ont préféré vivre sur un sol où ils n'étaient pas nés ! « Ainsi l'on peut dire qu'il y a des patries d'élection aussi bien que de naissance, et que celles-là nous donnent plus sujet de les affectionner par raison que nous ne sommes portés d'inclination pour les autres par nature. » Il veut qu'on soit accueillant pour les étrangers, qu'on ne les suppose pas ennemis. « N'est-il pas vrai que rien n'a tant contribué à la grandeur de Rome que cet accès libre qu'elle donnait à toutes les nations de s'y venir habituer, et de prendre part aussitôt à son gouvernement ! » Et il rappelle les grands services que des étrangers ont rendus aux rois de France, comme aux rois d'Angleterre ou d'Espagne. «... Ce serait une chose ridicule qu'il fût permis et de faire cas et d'avoir, soit des chiens, soit des chevaux, qui viennent de pays fort éloignés, lorsque nous les trouvons excellents, et qu'il ne fût pas loisible de se prévaloir des hommes du dehors, qu'une vertu extraordinaire nous peut rendre recommandable (1). »

Le patriotisme de La Mothe le Vayer est plus que large ; c'est du cosmopolitisme.

---

(1) *De la Patrie et des étrangers*, réimprimé dans les *œuvres*, Dresde, 1756, tome II, partie II, p. 56 à 68. — Bibl. nat., Inv., Z 20, 057. — Il semble répondre au P. Ives de Paris, capucin, qui dans ses *Morales chrétiennes* (1643), avait dit, p. 417 : « Quant à la terre de notre naissance, on lui doit premièrement l'habitation, et y faire sa demeure ; car c'est une espèce d'ingratitude, une légèreté trop incivile, un amour vénal, une insigne méconnaissance qui la blesse d'un trop grand reproche, de la laisser pour une autre qui promet un peu plus de commodités. » Plus loin, p. 419, il dit que c'est un devoir « de ne point admettre beaucoup d'étrangers dans un pays, si ce n'est, comme le voulait Platon, en qualité de serviteurs, pour les métiers où les naturels habitants ne veulent pas s'assujettir. Autrement, l'on mettrait ses biens en proie, et les bâtards en la place des légitimes ». — Bibl. nat., Inv., D., 4911, in-4.

## V

Disons un mot de l'histoire et de la synonymie des mots *patrie*, *nation*, et de quelques autres, qui ont rapport à notre sujet (1).

Littré indique bien les deux principaux sens du mot *patrie* : « 1° Pays où on a pris naissance ; 2° la nation dont on fait partie, la société politique dont on est membre ». Et il définit la *nation* : « Réunion d'hommes habitant un même territoire, soumis ou non à un même gouvernement, ayant depuis longtemps des intérêts assez communs pour qu'on les regarde comme appartenant à la même race (2). » Hatzfeld et Darmesteter disent de même, mais plus brièvement : « Réunion d'hommes formant une société politique régie par des institutions communes. »

Le dictionnaire de l'Académie, en 1776 encore, ne donnait qu'un sens au mot patrie, celui du pays où l'on est né ; c'est seulement dans les éditions sui-

(1) Contrairement à ce qu'on pourrait croire, il n'y a rien ou presque rien à tirer, pour notre sujet, des différents dictionnaires des synonymes français publiés au xviii° siècle et au xix° (par Girard, Roubaud, Beauzée, F. Guizot, Lafaye). L'abbé Roubaud, à l'article *Nation*, *Peuple* (*Nouveaux synonymes français*, 1785, 4 vol. in-8°), dit : « La nation est une grande famille, le peuple est une grande assemblée. » Guizot reprend cette définition et ajoute ceci : « La nation est le corps des citoyens, le peuple est l'ensemble des régnicoles. »

(2) Voir aussi, dans Littré, l'excellent article *Patrie*, qui m'a été fort utile.

vantes, c'est-à-dire après la Révolution, que ce dictionnaire indiqua l'autre sens, comme si, quoique usitée, ce n'était encore qu'une acception hardie et un peu singulière.

On a vu qu'au xvi* siècle Charles Fontaine avait blâmé l'usage du mot *patrie* comme un néologisme inutile : « Qui a pays, n'a que faire de patrie. » Cependant, il semble qu'à l'user, *pays* signifiât surtout ou seulement le lieu de naissance, et *patrie*, la société des Français.

Mais il y eut beaucoup d'exceptions à cet usage.

Corneille emploie. très volontiers, en ses plus célèbres endroits, *pays* pour *patrie*. Ainsi dans le *Cid* (iv, 5) :

> Mourir pour le pays n'est pas un triste sort :
> C'est s'immortaliser par une belle mort.

Racine, dans un même passage, emploie concurremment, et tout à fait dans le même sens, les deux mots. C'est dans la *Thébaïde* (III, iv), quand Étéocle dit, à propos de la mort de Polynice :

> Ce prince, le dernier de la race royale,
> S'est appliqué des dieux la réponse fatale,
> Et lui-même à la mort il s'est précipité,
> De l'amour du pays noblement transporté.

JOCASTE.

> Ah ! si le seul amour qu'il eut pour sa patrie
> Le rendit insensible aux douceurs de la vie,
> Mon fils, ce seul amour ne peut-il seulement
> De votre ambition vaincre l'emportement ?

C'est au xviiiᵉ siècle que le mot *nation* est usuellement employé, surtout dans le sens de peuple souverain : voir les remontrances du Parlement ; les écrits politiques des philosophes ; enfin, comme résultat du mouvement pour l'émancipation de la nation, le serment décrété par la Constituante, le 22 décembre 1789 : *La Nation, la Loi, le Roi.*

J'ignore à quelle époque le mot commença à être employé dans ce sens de peuple souverain. On le trouve, ce mot *nation*, dès le xiiiᵉ siècle, mais dans son sens étymologique : *naissance (nationem).*

Même aux approches de la Révolution, le mot *pays* ne perd pas son sens large. Il arrive à Condorcet de l'employer, en 1788, comme synonyme de *patrie* ou de *nation* : « C'est ici le moment, dit-il, où chaque citoyen doit offrir à son pays le tribut de ses réflexions (1) ».

Pendant la Révolution française, on dira surtout *patrie*, surtout *nation*, beaucoup moins *pays*.

C'est peut-être parce que le mot *patrie* avait été révolutionnaire que les conservateurs et les doctrinaires, au xixᵉ siècle, affectèrent de dire *le pays*, pour indiquer la société des Français, ou plutôt l'ensemble des électeurs censitaires. D'où la remarque d'Alfred de Musset, dans les *Lettres de Dupuis et de Cotonnet* : « C'est comme la patrie, vieux mot assez usé ; on dit le pays ; voyez nos orateurs, ils n'y manqueraient pas pour dix écus. »

(1) *Essai sur les Assemblées provinciales*, t. I, p. 5. — Bibl. nat., Lb₋39/300, in-8ᵉ.

Quant au mot *patriote*, c'est au xviii° siècle qu'il perd tout à fait son sens primitif de *compatriote* (1). On a vu que Saint-Simon a salué Vauban du nom de patriote. Mais, dès le xvi° siècle, il y a plusieurs exemples de ce mot pris dans ce sens. En 1578, c'est la *Lettre* (anonyme) *d'un bon patriot* (sic) *aux bons patriotz*, et le mot s'applique aux citoyens des Provinces-Unies, c'est-à-dire à un pays où l'idée de nation s'unit à l'idée de liberté révolutionnaire (2). En 1576, dans sa *Lettre aux envoyés des Etats généraux*, La Noue avait appelé les révoltés flamands « nos compatriotes ». Enfin en 1581, on lit dans un écrit de N. Froumenteau : « [Le présent œuvre] servira surtout à tous bons patriotes et singulièrement à ceux qui à l'adevenir viendront a estre députés pour le Tiers Estat, comme sur celuy qui porte le fais de ceste pesante et esmerveillable somme de deniers qu'on a tiré et exigé de luy (3). »

Au xvii° siècle, M. Ferdinand Brunot a signalé l'expression : « Mauvais patriote », dans une lettre de Mazarin du 14 juin 1648 (4).

Le mot *patriote* correspondait aux deux sens du mot de patrie : il désignait celui qui aime le pays où il est né ; il désignait aussi, et surtout, celui qui veut

---

(1) Quoique Jean-Jacques Rousseau l'emploie encore ainsi en 1766. Voir l'article *Patrioté* dans Littré.

(2) Hauser, *ouvrage cité.*

(3) A. Froumenteau, *Le secret des finances de France*, s. l., 1581, in-12. Argument, p. 1 et 2. — Bibl. nat., Lf 76/3. — Je rectifie et complète la citation de Littré.

(4) *Histoire de la langue française*, t. IV, p. 580.

organiser la patrie par la liberté. C'est cette dernière signification qui commença à devenir, en 1789 et en 1790, presque exclusive de l'autre. *Patriote* devint synonyme de *révolutionnaire*. On l'opposa à *aristocrate*.

# CHAPITRE II

## Patrie, patriotisme au XVIIIᵉ siècle.

I. Le patriotisme et le Parlement. — II. Le patriotisme li-
béral dans les écrivains : Montesquieu, Duclos, Voltaire,
Jean-Jacques Rousseau, abbé Coyer, l'*Encyclopédie*. Le roi
de Prusse et d'Alembert. — III. Le patriotisme humanitaire :
Duclos, de Jaucourt, d'Holbach, Diderot, Raynal. Voltaire et
Jeanne d'Arc.


### 1


Le droit de remontrance une fois rendu au Parlement, est-ce la patrie qui reparaît, cette patrie que La
Bruyère ne retrouvait pas dans le despotisme?

Aux séances de septembre 1715, où la Régence fut
établie, je ne vois pas que le mot ait été prononcé, ce
mot qui allait si éloquemment retentir dans la Mercuriale de d'Aguesseau (1). Les parlementaires disent :
*votre royaume,* ou : *la France.*

Le 12 septembre 1715, Louis XV enfant tient un lit
de justice. Le premier président lui dit : « Tous s'empressent à l'envi de vous contempler sur votre lit de

______

(1) Voir plus haut, p. 27.

justice comme l'image visible de Dieu sur la terre (1). »

Mais, dans le lit de justice pour la majorité de Louis XV, 22 février 1723, le garde des sceaux invoque « la nation » (2).

Dans les célèbres remontrances du 17 novembre 1755, le Parlement dit qu'au premier âge de la monarchie, « le Parlement était l'Assemblée générale de la nation » (3), et il a sans cesse ce mot à la bouche. Le 13 décembre de la même année, il se déclare « comptable », non seulement envers les rois, mais « envers la nation » (4). Le 13 avril 1737, il proclame « le droit de la nation » (5). Cette nation, le Parlement de Paris aime à la dire souveraine, mais souveraine dans le roi et par le roi, en qui il voit la patrie et l'unité nationale. Il représente toujours le roi comme la tête du corps. Ainsi on lit dans les remontrances du 9 avril 1753 : « Par l'autorité souveraine, le prince devient le centre où toutes les parties de l'État déposent leurs peines et leurs craintes, et d'où partent, par un retour salutaire de prévoyance et de bonté, tous les secours nécessaires à la conservation du corps. »

Le langage du Parlement de Grenoble exprime un nationalisme plus révolutionnaire. Le 9 mai 1788, menacé d'être remplacé par une autre cour, ce Parlement arrête que ceux qui accepteraient des places

(1) J. Flammermont, *Remontrances du Parlement*, t. I, p. 35.
(2) *Ibid.*, t. I, p. 165 et 168.
(3) *Ibid.*, t. II, p. 26.
(4) *Ibid.*, t. II, p. 153.
(5) *Ibid.*, t. III, p. 723.

dans cette cour *seraient réputés traîtres à la patrie* (1).

En somme, et malgré quelques contradictions, les Parlements préparent à la Révolution son vocabulaire patriotique, et, quoiqu'ils ne séparent pas la nation du roi, ils répandent l'idée de la nation considérée comme puissance souveraine.

L'Assemblée constituante continue, accentue ce langage, cette attitude, par ses décrets du 21 octobre 1789 et du 25 octobre 1790, qui confient, puis retirent au Châtelet la connaissance des crimes de « lèse-nation », enfin par la hiérarchie exprimée dans la formule légale : *la Nation, la Loi, le Roi*, qui est la formule même du patriotisme nouveau.

## II

Rappelons brièvement comment les « philosophes », au xviii° siècle, conçurent, formulèrent la patrie, le patriotisme.

Parlons d'abord de leur patriotisme en tant que fondé sur la liberté.

En 1748, dans l'*Esprit des lois*, Montesquieu dit : « L'amour de la patrie conduit à la bonté des mœurs, et la bonté des mœurs mène à l'amour de la patrie. » Parlant de la « vertu politique », il la définit « l'amour des lois et de la patrie ». Il dit : « Ce que j'appelle la

(1) Isambert, *Anciennes lois françaises*, t. XXVIII, p. 560.

vertu dans la République est l'amour de la patrie,
c'est-à-dire l'amour de l'égalité. » Il déclare que
l'amour des lois et de la patrie est « singulièrement
affecté aux démocraties ». Dans elles seules, le gouvernement est comme toutes les choses de ce monde :
pour le conserver, il faut l'aimer (1). En disant que
l'amour de la patrie est l'amour de l'égalité, Montesquieu a exprimé par avance le patriotisme des Français de 1793.

Les mêmes idées furent exprimées en Angleterre,
dès 1749, par Bolingbroke dans ses *Lettres sur l'esprit
de patriotisme et sur l'idée d'un roi patriote* (2), qui
furent traduites en français l'année suivante (3).

En 1751, tout comme d'Aguesseau en 1715, Duclos
ne trouve pas que les Français soient assez patriotes,
voulant faire entendre par là que la liberté manque à
la France. Il écrit dans ses *Considérations sur les
mœurs de ce siècle* : « ...Le commun des Français croit
que c'est un mérite que de l'être : avec un tel sentiment, que leur manque-t-il pour être *patriotes*? Je ne
parle point de ceux qui n'estiment que les étrangers.
On n'affecte de mépriser sa nation que pour ne pas
reconnaître ses supérieurs. » Duclos veut « faire porter
sur une base d'éducation générale toutes les instructions particulières », de façon que les hommes, « dans

_______________

(1) *Esprits des lois*, IV, 5 ; V, 2, et Avertissement.
(2) *Letters on the spirit of patriotism, on the idea of a patriot
King, and on the state of parties at the accession of King George*,
London, 1749, in-8. — Bibl. nat., *E, 2492, in-8.
(3) Bibl. nat., *E, 2493, in-8.

quelque profession que ce fût, commençassent par être patriotes » (1).

Parmi les écrivains du xviii° siècle, nul n'a été, en général, plus patriote que Voltaire. Sa *Henriade* est avant tout un poème patriotique. Dans ses tragédies, il aime à louer l'amour de la patrie. Ce vers de son *Tancrède* (2) est devenu proverbe :

> A tous les cœurs bien nés que la patrie est chère !

Et dans les *Scythes* (3) :

> On souffre en sa patrie ; elle peut nous déplaire ;
> Mais, quand on l'a perdue, alors elle est bien chère.

Mais nul aussi n'a été plus préoccupé que Voltaire de fonder la patrie sur la liberté.

Dans ses *Pensées sur le gouvernement* (1752) : « Un républicain, dit-il, est toujours plus attaché à sa patrie qu'un sujet à la sienne, par la raison qu'on aime mieux son bien que celui de son maître. »

Selon Voltaire, les pauvres n'ont point de patrie. Si célèbre qu'elle soit, il est indispensable de reproduire

______

(1) *Considérations sur les mœurs*, éd. de 1751, p. 3 et 30. — Bibl. nat., Inv., R, 49065, in-12. — Il faut noter aussi, sur le patriotisme, le passage des *Mémoires secrets* de Duclos, relatif au combat de Saint-Cast, septembre 1758, où, par le concours de gentilshommes bretons, les Anglais furent rejetés à la mer : « On vit dans cette occasion, dit Duclos, ce que peut la persuasion la plus légère d'avoir une patrie. » (*Œuvres*, éd. de 1806, t. VI, p. 361. — Bibl nat., Z, 27833, in-8°). — Cf. Sainte-Beuve, *Causeries du lundi*, t. IX, p. 219.

(2) *Tancrède*, acte III, sc. 1.

(3) *Les Scythes*, acte II, sc. 1.

ici cette jolie page du *Dictionnaire philosophique*, article *Patrie* :

« Qu'est-ce donc que la patrie ? Ne serait-ce pas par hasard un bon champ, dont le possesseur, logé commodément dans une maison bien tenue, pourrait dire : Ce champ que je cultive, cette maison que j'ai bâtie, sont à moi, j'y vis sous la protection des lois, qu'aucun tyran ne peut enfreindre ? Quand ceux qui possèdent, comme moi, des champs, des maisons, s'assemblent pour leurs intérêts communs, j'ai ma voix dans cette assemblée ; je suis une partie du tout, une partie de la communauté, une partie de la souveraineté : voilà ma patrie. Tout ce qui n'est pas cette habitation d'hommes n'est-il pas quelquefois une écurie de chevaux sous un palefrenier qui leur donne à son gré des coups de fouet ? On a une patrie sous un bon roi, on n'en a point sous un méchant.

« Un jeune garçon pâtissier, qui avait été au collège, et qui savait encore quelques phrases de Cicéron, se donnait un jour les airs d'aimer sa patrie. Qu'entends-tu par la patrie ? lui dit un voisin ; est-ce ton four ? est-ce le village où tu es né, et que tu n'as jamais revu ? est-ce la rue où demeuraient ton père et ta mère, qui se sont ruinés, et qui t'ont réduit à enfourner des petits pâtés, pour vivre ? est-ce l'Hôtel de Ville, où tu ne seras jamais clerc d'un quartinier ? est-ce l'église de Notre-Dame, où tu n'as pu parvenir à être enfant de chœur, tandis qu'un homme absurde est archevêque et duc avec vingt mille louis d'or de rente ?

« Le garçon pâtissier ne sut que répondre. Un penseur, qui écoutait cette conversation, conclut que, dans une patrie un peu étendue, il y avait souvent plusieurs millions d'hommes qui n'avaient point de patrie. »

Jean-Jacques Rousseau est du même avis : « La patrie, dit-il, ne peut subsister sans la liberté, ni la liberté sans la vertu, ni la vertu sans les citoyens : vous aurez tout, si vous formez des citoyens ; sans cela, vous n'aurez que de méchants esclaves, à commencer par les chefs de l'État (1). » Il dit à Emile : « Si je te parlais du devoir des citoyens, tu me demanderais peut-être où est la patrie, et tu croirais m'avoir confondu. Tu te tromperais pourtant, cher Emile ; car qui n'a pas une patrie a du moins un pays (2). » Il écrit à Pictet : « Ce ne sont ni les murs ni les hommes qui font la patrie : ce sont les lois, les mœurs, les coutumes, le gouvernement, la Constitution, la manière d'être qui résulte de tout cela (3). »

En 1755, un certain abbé Coyer, publiciste, imprima,

(1) Article *Économie politique*, dans l'*Encyclopédie*.
(2) *Émile*, livre V.
(3) Dans d'autres passages de l'*Émile*. Le Franc de Poupignan, évêque du Puy, crut voir que Rousseau niait la possibilité d'être patriote et chrétien. Il réfuta longuement cette opinion dans son *Instruction pastorale sur la prétendue philosophie des incrédules modernes*, Le Puy, 1763, in-4 (Bibl. nat., E, 1), p. 213 et suiv. Si la patrie du chrétien n'est pas de ce monde, le chrétien peut et doit aimer le pays où Dieu l'a fait naître. C'est dans ces limites que l'évêque accepte le « patriotisme », en faisant remarquer que ce mot est depuis quelque temps fort répandu.

sous l'anonyme, une dissertation « sur le vieux mot de patrie », qui ne passa pas inaperçue (1). Se plaignant de ce que le mot de patrie tombât en désuétude (plainte fantaisiste et sans fondement), et après en avoir rappelé les origines grecques et romaines, il disait, avec non moins de fantaisie : « Charlemagne, Charles V, Louis XII, Henri IV, ces pères de la patrie, en écrivaient le nom dans tous les cœurs et le plaçaient dans toutes les bouches. Je le retrouve encore sous Louis XIII, dans les cahiers des derniers États généraux : il s'est perdu sous le ministère du cardinal de Richelieu. »

La patrie, selon l'abbé Coyer, ce n'est pas seulement « le pays où l'on a pris naissance », comme le disent les dictionnaires. « Froide définition ! » Et il ajoute :

« Dans le zèle qui m'anime, j'ai fait des épreuves sur des sujets de tous les ordres. Citoyens, ai-je dit, prononçons le mot *patrie*. L'homme du peuple a pleuré, le magistrat a froncé le sourcil en gardant un morne silence, le militaire a juré, le courtisan a persiflé, le financier m'a demandé si c'était le nom d'une nouvelle ferme. Pour les gens de religion qui, comme Anaxagoras, montrent le ciel du bout du doigt, quand on leur demande où est la patrie, il n'est pas étonnant qu'ils n'en fêtent point sur cette terre. »

Cette déclamation est signalée dans la *Correspon-*

____

(1) *Dissertations pour être lues : la première, sur le vieux mot de patrie ; la seconde, sur la nature du peuple. La Haye, 1755, in-8°.* — Bibl. nat., Inv., R, 33865.

*dance de Grimm* comme un plat paradoxe, ou plutôt l'auteur de la *Correspondance* feint de ne pas bien comprendre la véritable pensée de l'abbé Coyer, afin d'avoir occasion de mieux la mettre en lumière : « M. l'abbé Coyer, dit-il, est fort étonné et fort fâché que nous ne prononcions point le mot *patrie*. Sachez donc, lui dirais-je volontiers, mauvais gré aux orphelins de ne pas prononcer les mots de *père* et de *mère*. Nous n'employons pas le mot de patrie, parce qu'il n'y en a plus, pour parler avec justesse. Il faut donc continuer à dire que nous servons le roi et l'État, et non pas la patrie, comme le voudrait noter notre auteur. »

Cet opuscule de l'abbé Coyer eut l'honneur d'inspirer l'article *Patrie* dans l'*Encyclopédie* (1). L'auteur de l'article, chevalier de Jaucourt, y renvoie, le cite, ou même le copie sans le citer.

On lit dans cet article : « Le rhéteur peu logicien, le géographe qui ne s'occupe que de la position des lieux et le lexicographe vulgaire prennent la *patrie* pour le lieu de la naissance, quel qu'il soit ; mais le philosophe sait que ce mot vient du latin *pater*, qui représente un père et des enfants, et conséquemment qu'il exprime le nom que nous attachons à celui de *famille*, de *société*, d'*État libre*, dont nous sommes membres, et dont les lois assurent notre liberté et notre bonheur. Il n'est point de patrie sous le joug du

(1) T. XII, paru en 1765. Voir aussi, dans la même *Encyclopédie*, le mot *Menace*, où, à titre d'exemple, on cite cette phrase : « La perte de l'esprit patriotique menace l'État d'une dissolution totale. »

despotisme. Dans le siècle passé, Colbert confondit aussi *royaume* et *patrie*... »

Puis, après avoir parlé longuement de la patrie chez les Grecs et les Romains : « Après ces détails, dit le chevalier de Jaucourt, je n'ai pas besoin de prouver qu'il ne peut y avoir de *patrie* dans les États qui sont asservis. Ainsi ceux qui vivent sous le despotisme oriental, où l'on ne connaît d'autre loi que la volonté du souverain, d'autres maximes que l'adoration de ses caprices, d'autres principes de gouvernement que la terreur, où aucune fortune, aucune tête n'est en sûreté ; ceux-là, dis-je, n'ont point de *patrie*, et n'en connaissent même pas le mot, qui est la véritable) expression du bonheur. » Le même Jaucourt a, dans l'*Encyclopédie*, un article *Patriote* : « C'est celui qui dans un gouvernement libre chérit sa patrie et met son bonheur et sa gloire à le secourir avec zèle, suivant son moyen et ses facultés (1). »

D'Holbach a dit, dans son *Système social* (1773) : « Il est beau, nous dit-on, *de mourir pour la patrie* ; mais est-ce mourir pour la patrie que de verser son sang pour celui qui l'opprime, ou qui, pour de vils intérêts étrangers à la patrie, conduit ses citoyens au carnage (2) ? »

(1) Le Dictionnaire de Trévoux (1771), à l'article *Patriotisme*, cite ces deux phrases : « On se plaint que le *patriotisme* s'éteint en France. — L'Anglais est celui des peuples modernes où le *patriotisme* est le plus en recommandation. »

(2) *Système social*..., Londres, 1773, 3 vol. in 8 (Bibl. nat., R 20275 ; t. II, p. 167). — Soit dit en passant, il y a dans cet ouvrage une réfutation (t. I, p. 203) du paradoxe de Jean-

Le roi de Prusse, qui tantôt flattait, tantôt égratignait les encyclopédistes, crut devoir leur prêter des sentiments contraires à ceux qui étaient exprimés dans ces articles de l'*Encyclopédie*, jusqu'à les accuser d'antipatriotisme, comme nous dirions. Il publia en 1779 des « Lettres sur l'amour de la patrie », censées écrites par deux personnages qu'il nomme Anapistémon et Philopatros, et qui discutent sur le patriotisme. Philopatros assure que les encyclopédistes ont « jeté tout le ridicule qu'ils ont pu sur l'amour de la patrie, tant recommandé par l'Antiquité ». Et il ajoute : « Ils raisonnent aussi pitoyablement sur ce sujet que sur bien d'autres : ils vous disent doctoralement qu'il n'y a point d'être qui s'appelle patrie, que c'est une idée venue de quelque législateur qui a créé ce mot pour gouverner des citoyens, et que par conséquent ce qui n'existe pas réellement ne saurait mériter notre amour (1). »

Le 19 novembre 1779, d'Alembert écrivit à Frédéric une lettre où, après d'hyperboliques compliments (selon son habitude), il protesta ainsi : « ...Je ne me rappelle point, sire, qu'en aucun endroit de ce vaste dictionnaire on ait eu en même temps la sottise et l'audace de combattre l'amour de la patrie ; il est bien sûr au moins que je ne l'aurais pas souffert,

Jacques Rousseau sur l'état de nature. C'est la *vie sauvage*, et d'Holbach y oppose la *vie sociale*. On dirait que Kant s'est inspiré de cette réfutation.

(1) *Œuvres de Frédéric le Grand*, t. IX, p. 239. — Bibl. nat., Inv., Z 35299.

tout le temps que j'ai été à la tête de cet ouvrage. Il se peut que quelque prétendu *philosophe* (car bien des faquins usurpent aujourd'hui ce nom) ait imprimé, dans une brochure ignorée, des sottises absurdes contre le patriotisme ; mais croyez, sire, que tous les philosophes vraiment dignes de ce nom désavoueraient cette brochure, s'ils la connaissaient, ou plutôt se rendraient assez de justice pour ne daigner pas même se justifier d'une imputation si injuste. Je ne saurais trop, sire, le répéter à Votre Majesté, ce ne sont point les philosophes, ce sont les prêtres qui sont les vrais ennemis de la patrie, des lois, du bon ordre et de l'autorité légitime... »

Réponse du roi, 3 décembre 1779 :

« ... Cela doit se trouver dans un de ces ouvrages qui ont paru avant ou peu après le *Système de la nature*. Ces sortes d'assertions doivent être réfutées pour le bien de la société. Enfin, pour me justifier pleinement, je dois ajouter qu'ici, en Allemagne, on met tous les ouvrages que des songe-creux produisent en France sur le compte des encyclopédistes. Je parlais au public ; j'ai donc dû me servir de son langage ; car j'espère que vous aurez assez bonne opinion de moi pour croire que je ne confonds pas les d'Alembert avec les Diderot, avec les Jean-Jacques et avec les soi-disant philosophes qui sont la honte de la littérature... »

Réplique de d'Alembert, 27 décembre 1779 :

« ...Croyez, sire, que ni ce *Système*, ni aucun de ces

mauvais livres n'est l'ouvrage d'un véritable philosophe, ni même d'aucun écrivain digne de ce nom (1). Il est fâcheux pour les honnêtes gens qui ont travaillé à l'*Encyclopédie* qu'on mette sur leur compte toutes les inepties qui paraissent, et qu'on donne le nom d'*encyclopédistes* aux ennemis de la patrie. Hélas! sire, si je n'avais pas aimé la mienne, je serais depuis longtemps auprès de Votre Majesté! J'aime encore cette patrie, quoiqu'on m'y accable d'outrages, auxquels je suis à la vérité peu sensible, mais que le gouvernement, j'ignore par quel sublime motif, non seulement permet, mais encourage et récompense... (2) »

On peut se demander si l'ouvrage, où Frédéric disait avoir lu ces déclarations d'antipatriotisme a existé autrement que dans son imagination et dans sa mauvaise volonté. S'il donnait l'exemple de la liberté de penser et d'écrire en matière religieuse, il

______

(1) Il est sûr que le « matérialisme » de d'Holbach passait pour inciter à un égoïsme antipatriotique. Ainsi, le 23 octobre 1788, dans une lettre au roi où ils critiquaient les anciennes formes des États de Franche-Comté, les officiers municipaux de Vesoul écrivaient : « Loin de nous, sire, ces maximes séditieuses d'une philosophie perverse qui voudraient isoler les hommes au milieu du tourbillon de la société générale, et dont le but est d'étouffer la voix du patriotisme en rompant la chaîne des intérêts individuels qui les unit avec ceux de l'État. » (H. Baumont, *Les Fédérations dans la Haute-Saône*, dans la revue *la Révolution française*, t. XIV, p. 873 et suiv.)

(2) *Œuvres posthumes de Frédéric II*, éd. de 1789, t. V, p. 183, 186, 189. — Bibl. nat., Inv., Z 35278.

n'admettait point la même liberté en matière politique. Un patriotisme qui se fondait sur la liberté politique ne pouvait que lui déplaire, en tant que souverain (1). C'est sans doute la raison pour laquelle il prit le parti de calomnier les philosophes, en les accusant de nier la patrie.

## III

Nous avons rappelé les traits les plus nets du patriotisme *libéral* des philosophes du xviii° siècle. Voici quelques traits de leur patriotisme humanitaire.

Ce patriotisme, comme celui des humanistes du xvi° siècle et des écrivains au xvii°, est gréco-romain.

C'est la *Caritas generis humani* de Cicéron (2), qui citait élogieusement ce vers ou fragment de vers d'un vieux poète latin :

*Patria est ubicunque est bene* (3).

(1) En tant que philosophe, il s'exprimait, sur ce sujet, à la française. Ainsi, en 1777, dans son *Essai sur les formes du gouvernement et sur les devoirs du souverain* (*Œuvres*, éd. de Berlin, t. IX, p. 196) : « Cette grande vérité, dit-il, qu'il faut agir envers les autres hommes comme nous voudrions qu'ils se comportassent envers nous devient le principe des lois et du pacte social : de là naît l'amour de la patrie, envisagée comme l'asile de notre bonheur. »

(2) *De Finibus*, v, 23.

(3) *Tusculanes*, v, 37.

En cela, Cicéron était l'élève des Grecs. Aristophane a dit à la fin de son *Plutus* :

Πατρὶς γάρ ἐστι πᾶσ', ἵν' ἂν πράττῃ τις εὖ.

Et Euripide, dans un fragment que rapporte Stobée :

Ἅπασα δὲ χθὼν ἀνδρὶ γενναίῳ πατρίς.

Nos philosophes du xviiie siècle exprimèrent souvent un semblable cosmopolitisme, quoiqu'au fond, dans leur cœur, le patriotisme fût plus exclusif qu'il ne l'était dans les sentiments d'un Aristophane ou d'un Cicéron. Mais il faut bien se dire que, n'osant pas, ne pouvant pas (faute de liberté) légiférer précisément et spécialement pour la France, ils légifèrent plus volontiers pour l'humanité, ce qui était moins compromettant, moins risqué : cela les fait paraître parfois, en quelques boutades, plus *sans-patrie* qu'ils ne le sont réellement.

Cette remarque nous empêchera d'être dupes de certaines outrances paradoxales, mais elle ne nous cachera pas la sincérité de l'humanitarisme des philosophes.

Duclos dit, dans ses *Considérations sur les mœurs* (1751) :

« Les hommes de mérite, de quelque nation qu'ils soient, n'en forment qu'une d'entre eux. Ils sont exempts d'une vanité nationale et puérile ; ils la laissent au vulgaire, à ceux qui, n'ayant point de gloire personnelle, sont réduits à se prévaloir de celle de leurs compatriotes. » Duclos semble mettre l'humanité au-dessus de la patrie : « Dans l'éducation générale, dit-il, on doit considérérer les hommes relativement à l'humanité et à la patrie ; c'est l'objet de la morale (1). »

En 1751, dans sa *Philosophie des mœurs*, l'abbé Terrasson écrivait : « Si l'amour de la patrie est une dérivation première, une application spéciale de l'amour pour le genre humain en général, il est admirable. Au contraire, s'il en est une exclusion, comme chez les peuples conquérants, il est terrible (2). »

Dans l'*Encyclopédie*, à l'article *Patriotisme*, le chevalier de Jaucourt dit : « Le patriotisme le plus parfait est celui qu'on possède quand on est si bien rempli des droits du genre humain qu'on les respecte vis-à-vis de tous les peuples du monde. » Et il loue Montesquieu d'avoir eu ce « patriotisme universel ».

D'Holbach, dans son ouvrage cité plus haut (3), a exprimé en termes intéressants le patriotisme humanitaire : « La justice, dit-il, est la base du droit des gens ; les nations ne sont que des individus de la société universelle et de l'espèce humaine. Un peuple doit à un autre peuple tout ce qu'un homme doit à un

(1) *Considérations sur les mœurs*, éd. de 1751, p. 3 et 37. — Bibl. nat., Inv., R, 19065, in-12.

(2) *La philosophie applicable à tous les objets de l'esprit et de la raison*. Paris, 1754, in-12, p. 53. — Bibl. nat., Inv., R, 10087.

(3) *Système social*, t. I, p. 109.

autre homme. Il n'y a point deux morales pour les êtres de notre espèce ; les mêmes liens qui subsistent entre des amis subsistent entre des nations alliées ; les liens de l'humanité et de l'égalité unissent entre eux les peuples, même les plus étrangers, les plus éloignés, les plus divisés d'intérêts... » « L'humanité est un nœud fait pour lier invinciblement le citoyen de Paris à celui de Pékin. C'est un pacte qui engage également tous les membres de la grande famille, dont les différents peuples du monde ne sont que les individus épars... »

Mais d'Holbach ne croyait pas qu'il fût possible d'appliquer alors ce patriotisme humanitaire, au moins dans l'état où se trouvaient les nations. Il niait qu'il y eût une « probité pratique par rapport à l'univers » (1), vu qu'il « n'est point d'action qui puisse immédiatement influer sur le bonheur ou le malheur de tous les peuples », et que « l'action la plus généreuse, par le bienfait de l'exemple, ne produit pas, dans le monde moral, un effet plus sensible que la pierre jetée dans l'Océan n'en produit sur les mers, dont elle élève nécessairement la surface ». Même la « probité d'intention », qui se réduirait au désir constant et habituel du bonheur des hommes, et par conséquent au vœu simple et vague de la félicité universelle », n'est qu'une « chimère platonicienne ». « En effet, si l'opposition des intérêts des peuples les tient,

(1) *De l'Esprit*, discours II, chapitre xxv, p. 240 de la première édition. Paris, 1758, in-4°. — Bibl. nat., Inv., R, 2847.

les uns à l'égard des autres, dans un état de guerre perpétuelle ; si les paix conclues entre les nations ne sont proprement que des trêves comparables au temps qu'après un long combat deux vaisseaux prennent pour se ragréer et recommencer l'attaque ; si les nations ne peuvent étendre leurs conquêtes et leur commerce qu'aux dépens de leurs voisins ; enfin, si la félicité et l'agrandissement d'un peuple *est* (*sic*) presque toujours attaché au malheur et à l'affaiblissement d'un autre, il est évident que la passion du patriotisme, passion si désirable, si vertueuse et si estimable dans un citoyen, est, comme le prouve l'exemple des Grecs et des Romains, absolument exclusive de l'amour universel. Il faudrait, pour donner l'être à cette espèce de probité, que les nations, par des lois et des conventions réciproques, s'unissent entre elles, comme les familles qui composent un État ; que l'intérêt des nations fût soumis à un intérêt plus général, et qu'enfin l'amour de la patrie, en s'éteignant dans les cœurs, y allumât le feu d'un amour universel : supposition qui ne se réalisera de longtemps. » C'est « en matière d'esprit » que « l'amour de la patrie n'est point exclusif de l'amour universel ». Car « ce n'est point aux dépens de ses voisins qu'un peuple acquiert des lumières ». Au contraire : l'esprit qui fait une découverte, qui invente une machine, peut être « un bienfaiteur du monde ».

Diderot pose cette question : « Vaut-il mieux avoir éclairé le genre humain, qui durera toujours, que d'avoir ou sauvé ou bien ordonné une patrie qui doit finir (1) ? »

L'abbé Raynal dit : « L'Univers est la patrie d'un grand homme (2). »

Voltaire, traçant l'idéal d'un historien impartial, dit : « Le philosophe n'est d'aucune patrie, d'aucune faction (3). » Ailleurs : « Il est triste que souvent, pour être bon patriote, on soit l'ennemi du reste des hommes (4). » Ailleurs encore : « Tout homme est né avec le droit naturel de se choisir une patrie (5). »

On a souvent, au XIX⁰ siècle et de nos jours, dit que Voltaire n'était point patriote. On a malicieusement pris au pied de la lettre quelques boutades, ou on en a dénaturé le sens. On lui a reproché, comme anti-française, son admiration pour le grand Frédéric (6). Mais cette admiration était intermittente : Voltaire goûtait fort l'état d'esprit philosophique du roi de Prusse, qu'on peut en effet considérer comme un des fondateurs de la liberté de conscience en Europe : il eut souvent à se rebiffer contre son caractère despotique.

(1) *Claude et Néron*, t. II, p. 75.
(2) *Histoire philosophique*, t. V, p. 10.
(3) *Réflexions sur l'histoire*, dans les *Œuvres de Voltaire*, éd. Didot, t. V, p. 343.
(4) *Dictionnaire philosophique*, article *Patrie*.
(5) *Annales de l'Empire*, dans les *Œuvres*, éd. Didot, t. III, p. 755.
(6) M. Edme Champion a dit justement (*Voltaire, études critiques*, p. 145) : « Si Voltaire s'est dit sujet de Frédéric, cette parole ne tire pas plus à conséquence que cette autre : *Veramente l'Italia è mia patria*. (éd. Beuchot, t. LV, p. 60.) »

On a dit qu'à l'époque du funeste traité de 1763, Voltaire accueillit avec indifférence la nouvelle de la perte du Canada, se moquant sans pudeur de ceux qui regrettaient ces quelques *arpents de neige* ; j'ai réfuté, ailleurs (1), cette légende.

Mais c'est surtout dans son poème de la *Pucelle* qu'on a vu de l'antipatriotisme.

Lui-même, cependant, n'y voyait qu'une plaisanterie.

Quand, en 1755, sur une mauvaise copie et à son insu, on en publia une édition grotesquement défigurée, Voltaire écrivit à l'Académie française pour protester contre le tort qu'on lui faisait par de telles publications tronquées ou falsifiées, comme l'*Histoire universelle* en deux volumes et des Mémoires sur la guerre de 1741 : « On en use encore ainsi, ajoutait-il, à l'égard d'une plaisanterie faite, il y a plus de trente ans, sur le même sujet qui rendit Chapelain si fameux. » M. Edme Champion, dans son livre sur Voltaire, a pu soutenir sans paradoxe que la *Pucelle* de Voltaire n'était qu'une parodie de la *Pucelle* de Chapelain. Par le fait de Chapelain, Jeanne était devenue, selon Boileau, la plus insupportable des héroïnes (2). C'est sur cette héroïne, ainsi accommodée par ce lourd poète, que Voltaire a badiné, et non sur la vraie Jeanne, qu'alors on connaissait mal et en qui on ne

(1) Voir mon article : *Voltaire et le Canada* dans la *Révolution française* du 14 janvier 1913 (t. LXIV, p. 53 et suiv.).

(2) Edme Champion, *Voltaire, études critiques*, Paris, 1893, in-16 ; p. 162.

voyait pas encore la personnification ou le symbole du patriotisme français.

La préface de l'édition avouée montre que ce poème était, dans la pensée de Voltaire, un ouvrage voluptueux, dans le genre italien, à la manière de l'Arioste, pour amuser le public.

Si ces plaisanteries sur la noble et admirable paysanne choquent notre goût d'aujourd'hui et nous blessent au cœur, il faut dire cependant qu'aucune d'elles n'est dirigée consciemment contre le patriotisme. Le mot de patrie y est souvent prononcé, et toujours avec honneur.

C'est aussi un pamphlet philosophique ou, comme nous disons, anticlérical, comme on le voit. entre autres endroits, dans cette satire du tribunal de l'Inquisition (1), qui se termine ainsi :

> Aux pieds bénits de la docte assemblée
> Voyez-vous pas le pauvre Galilée,
> Qui, tout contrit, leur demande pardon,
> Bien condamné pour avoir eu raison ?

Les auteurs de l'édition de Kehl, dans leur avertissement à la *Pucelle*, parlent plaisamment (la phrase est peut-être de Beaumarchais), des « hommes graves qui pardonnent beaucoup moins à Voltaire d'avoir ri aux dépens de Jeanne d'Arc qu'à Pierre Cauchon de l'avoir brûlée ».

Ces « hommes graves », ennemis de Voltaire, ne veu-

(1) *La Pucelle*, ch. iii.

lent pas lire les poèmes où il a loué la patrie, avec une sagesse ardente.

J'ai parlé de la *Henriade*. Voltaire y dit du peuple qu'après les menaces de la Saint-Barthélemy il ouvrit les yeux, et que, la piété succédant en lui à la furie,

> Il entendit gémir la voix de la patrie.

Il dit d'Henri IV, avec accent :

> Il sentit qu'il aimait son ingrate patrie.

Même en ce poème, d'allure si monarchique, il se garde de confondre la patrie avec le roi. On peut servir le roi sans servir la patrie, quand, par exemple, on fortifie le pouvoir absolu. Ainsi Voltaire montre Richelieu et Mazarin, ces destructeurs des libertés françaises,

> Utiles à leur roi, cruels à la patrie.

Le *Poème de Fontenoy* (1745) est d'un patriote. Dans sa dédicace au roi, Voltaire dit : « ...C'est une peinture fidèle d'une partie de la journée la plus glorieuse depuis la bataille de Bouvines ; ce sont les sentiments de la France, quoiqu'à peine exprimés. » Dans le discours préliminaire : « C'est, dit-il, moins en poète qu'en bon citoyen qu'on a travaillé. » Mais le patriotisme de Voltaire n'est pas xénophobe. Commentant lui-même son poème, il écrit : « Quand on dit des Anglais : *Et la férocité le cède à la vertu*, on a eu soin d'avertir en note, dans toutes les éditions, que le reproche de férocité ne tombait que sur les soldats. »

Voltaire s'est « attaché uniquement à tous ceux qui ont si bien servi la patrie dans ce grand jour ».

Dans le poème, il y a des cris de patriotisme, comme en ce vers :

> Passion des grands cœurs, amour de la patrie !

Cette fois et pour cette bataille, il aime à identifier la patrie avec le roi :

> Noailles, pour son roi plein d'un amour fidèle,
> Voit la France en son maître et ne regarde qu'elle.

Pour chanter les héroïques et anonymes sacrifices à la patrie, qui ont abondé en cette journée de Fontenoy, Voltaire est plus poète que d'ordinaire :

> O combien de vertus que la tombe dévore !
> Combien de jours brillants éclipsés à l'aurore !
> Que nos lauriers sanglants doivent coûter de pleurs !
> Ils tombent, ces héros, ils tombent, ces vengeurs ;
> Ils meurent, et nos jours sont heureux et tranquilles ;
> La molle volupté, le luxe de nos villes
> Filent ces jours sereins, ces jours que nous devons
> Au sang de nos guerriers, aux périls des Bourbons !
> Couvrons du moins de fleurs ces tombes glorieuses ;
> Arrachons à l'oubli ces ombres vertueuses.
> Vous qui lanciez la foudre et qu'ont frappé ses coups,
> Revivez dans nos chants, quand vous mourez pour nous.
> Eh ! quel serait, grand Dieu, le citoyen barbare,
> Prodigue de censure et de louange avare,
> Qui, peu touché des morts et jaloux des vivants,
> Leur pourrait envier mes pleurs et mon encens ?
> Ah ! s'il est parmi nous des cœurs dont l'indolence,
> Insensible aux grandeurs, aux pertes de la France,
> Dédaigne de m'entendre et m'encourager,
> Réveillez-vous, ingrats : Louis est en danger.

Si, plus tard, désillusionné au sujet de Louis XV, Voltaire dit que les Français n'ont pas de patrie sous ce despote égoïste, s'il a honte des spectacles barbares ou ridicules que la France donne à l'Europe, il dit aussi : « On aime toujours sa patrie, malgré qu'on en ait, on parle toujours de l'infidèle avec plaisir... Il faut l'aimer, quelque injustice qu'on essuie, comme il faut aimer l'Être suprême, malgré les superstitions qui déshonorent son culte... Du pain dans sa patrie vaut encore mieux que du biscuit en pays étranger (1). »

Il avait foi en la France, et, malgré les revers des Français, leurs fautes, les fautes et crimes de leur gouvernement, il croyait que la France vivrait, triompherait, et il prédisait avec éloquence ses grandes destinées (2).

L'humanitarisme de Voltaire avait donc pour fondement un patriotisme français très vif et très chaud, et il en était de même de presque tous les autres précurseurs de la Révolution française.

Sans doute et néanmoins, cet humanitarisme nous paraît aujourd'hui, dans notre patrie bien unifiée, bien organisée, un peu trop cosmopolite.

C'est que les conditions politico-religieuses étaient telles qu'une partie des Français, ne pouvant vivre en

(1) Éd. Beuchot, t. LVI, p. 185, 720 ; t. LXX, p. 417 ; t. LXVII, p. 491. Nous empruntons ces citations au livre d'Edme Champion, p. 145.

(2) Sur cette foi de Voltaire en la France, voir surtout Edme Champion, p. 146 à 152.

France, avaient dû se chercher une patrie ailleurs et y vivaient plus heureux qu'ils ne l'avaient été dans leur propre pays. Les protestants français, contraints à émigrer par la révocation de l'édit de Nantes, et installés en Prusse ou en Hollande, pouvaient dire, à juste titre : *Ubi bene, ibi patria*. Ils avaient trouvé une patrie. Ceux qui étaient restés en France, privés d'état civil, se cachant ou traqués, n'avaient véritablement pas de patrie. Voltaire et les philosophes croyaient que la France ne serait véritablement une patrie pour l'ensemble des Français que quand la liberté de conscience aurait rendu l'existence civile et religieuse aux protestants.

Voltaire n'eut pas la joie d'assister au régime de demi-tolérance qui fut établi par cet édit de 1787, que ses écrits avaient préparé : il y eût vu comme un commencement d'instauration ou de rétablissement de la patrie française.

Notons en terminant que le clergé ne fut pas en désaccord, au xviiⁱᵉ siècle, avec les philosophes, sur cette conception humanitaire de la patrie. En 1763 l'évêque du Puy, Le Franc de Pompignan, disait aux fidèles : « Le chrétien... est tout à la fois cosmopolite et patriote. Ces deux qualités ne sont pas incompatibles. Le monde est à la vérité une patrie commune, ou, pour parler plus chrétiennement, un exil commun (1). »

_______

(1) *Instruction...*, p. 218. Voir plus haut, p. 46.

# CHAPITRE III

## Patrie, patriotisme sous Louis XVI

I. Louis XVI semble donner une patrie aux Français. — II.
Le patriotisme et Turgot. — III. Explosion générale du patriotisme : Mirabeau, Académie de Châlons, Calonne, Assemblée provinciale d'Alsace, Remontrances du clergé, dom Ferlus.

### I

On peut dire que du règne de Louis XVI date une ère nouvelle dans l'histoire du patriotisme français.

S'il n'y a de patrie que dans un État fondé sur les principes de la philosophie, Louis XVI semble vouloir donner une patrie aux Français, tant par ses réformes intérieures que par sa participation à une guerre de liberté, à la guerre d'Amérique.

Jusqu'alors les rois se considéraient comme étant, eux seuls, l'État, et voulaient tout faire par eux-mêmes, sans que la nation collaborât : c'est le despotisme de Louis XIII avec Richelieu, de Louis XIV, de Louis XV.

Louis XVI appelle ou semble appeler la nation à collaborer. Il fonde ou semble fonder la liberté. Il établit les Assemblées provinciales, il supprime la servitude personnelle dans ses domaines, il accorde un état civil aux protestants, il rétablit les États généraux. Les Français saluent en lui le *père de la patrie*.

Sans doute, les Français s'étaient mépris sur le caractère de Louis XVI, comme sur ses intentions.

Il ne voulait être qu'un despote paternel.

Il avait, au fond, la même conception de l'État et du pouvoir royal que Louis XIV et que Louis XV, avec plus de bonté et d'humanité.

Il n'avait pas le dessein d'organiser la nation par la liberté.

Tout plan d'ensemble lui répugnait, comme un attentat à ses droits de roi. On ne pouvait lui faire accepter les réformes que comme partielles. Quand il vit que Turgot voulait faire une ample réformation, une régénération générale du royaume, il le renvoya.

Avant comme après 1789, il subit les réformes ou s'y résigna, plutôt qu'il ne les accueillit.

S'il parlait volontiers de patrie, de patriotisme, il ne concevait pas du tout la patrie comme la concevaient les philosophes.

Il ne songeait pas sérieusement à émanciper la nation.

Sa femme, autrichienne, ne lui donnait que des conseils de despotisme. Comment cette étrangère aurait-elle eu le sentiment d'un patriotisme français ? Ce qu'elle voulait, c'est que son époux ne laissât diminuer en rien le pouvoir royal dont il avait hérité.

Le fait que les rois de France épousèrent des étrangères, au xvii° siècle et au xviii°, fut peut-être un des obstacles à la constitution d'une patrie.

Sous Louis XIV, sous Louis XV, les maîtresses du roi, qui furent françaises, contre-balancèrent l'influence de la reine, étrangère. Même l'une d'elles, M^me de Pompadour, eut ou essaya d'avoir une sorte de politique nationale.

Sous Louis XVI, prince chaste, l'influence de Marie-Antoinette fut sans contrepoids français.

La reine contribua à détourner le roi de faire alliance intelligente et sincère avec son peuple, d'abord contre les privilégiés, puis, sous la Révolution, contre l'étranger.

C'est Marie-Antoinette qui, par son étourderie obstinée, poussa Louis XVI à l'échafaud, pour y monter ensuite elle-même, l'infortunée !

Mais les Français n'eurent pas conscience de la réalité des choses et des intentions avant l'année 1791 (fuite à Varennes) et surtout avant l'année 1792 (manifeste de Brunswick).

Ils prirent très au sérieux Louis XVI père et régénérateur de la patrie. Ses réformes ou tentatives amenèrent une sorte d'explosion de patriotisme, et créèrent le courant d'où sortit la Révolution.

On peut même presque dire que la Révolution commença dès le début du règne de Louis XVI, dès le ministère de Turgot.

## II

Le patriotisme de Turgot, c'est le patriotisme des philosophes ; c'est, par avance, le patriotisme des hommes de la Révolution française, dans toute son audace, dans toute son ampleur, patriotisme non seulement libéral et égalitaire, non seulement unitaire, mais humanitaire, internationaliste.

Le fidèle interprète de la pensée de Turgot, Dupont (de Nemours), a écrit : « Le premier besoin de l'âme de M. Turgot était celui d'être utile au genre humain. Il croyait alors, il a cru longtemps, c'est une erreur au moins excusable, que les places de l'administration offraient le meilleur moyen de servir la patrie et l'humanité. » Turgot avait une politique « mondiale », comme nous disons, et en voici, d'après Dupont (de Nemours), les principes et le but : « Sa politique élevée et bienfaisante embrassait l'univers ; elle n'avait pas une seule vue qui fut isolée, et chaque opération particulière qu'il se proposait pour le bien de son pays n'était qu'une portion d'un grand plan dont l'objet était le bonheur du monde. On peut croire que son génie, qui avait prédit trente ans d'avance la Révolution de l'Amérique anglaise, la prévoyait bien mieux encore, lorsqu'elle était si prochaine ; et quoiqu'il eût songé à tous les moyens possibles pour éviter la guerre lors de cette grande et nécessaire explosion, il craignait avec raison que le cours des événements ne forçât notre nation d'y prendre part. Il croyait que, dans cette hypothèse malheureuse, ce serait principalement aux grandes Indes qu'il faudrait cimenter la liberté de l'Amérique. Il croyait utile au genre humain, et facile en soi, de briser ce colosse de fer et d'or aux pieds d'argile, qui fait gémir les plus belles contrées de l'Orient sous le poids odieux de la plus avide tyrannie. Mais il ne pensait point qu'il fallût détruire la puissance anglaise aux Indes pour s'en emparer. Cette puissance lointaine, et nécessairement passagère, lui paraissait trop opposée à la nature d'une bonne constitution sociale, trop corruptrice, trop nuisible au fond et à l'empire auquel elle prête un éclat et des moyens éphémères. Il ne pensait point que l'Europe dût gouverner l'Asie ; il désirait au contraire qu'elle se bornât à lui procurer le bonheur de se gouverner elle-même. Il trouvait digne de la France et de son roi de protéger la liberté sur toute la surface du globe et de ne l'opprimer nulle part, et c'est ainsi qu'il voulait assurer à sa nation, au milieu de toutes les autres, par leur propre consentement, par l'utilité dont le louable usage de sa puissance leur serait à toutes, le rang que méritent les lumières, la loyauté et la générosité françaises (1). »

Parmi les ministres de Louis XVI, Turgot n'est pas le seul qui désavoue ainsi le patriotisme agressif, conquérant, et qui propose à la France, dans l'univers, un

(1) *Mémoires sur la vie et les ouvrages de M. Turgot, ministre d'État.* Philadelphie (Paris), 1782, 2 vol. in-8°. T. I, p. 47 et 132-133.

rôle pacifique et bienfaisant, et aussi comme un nouveau droit des gens. Vergennes, ministre des Affaires étrangères, modifie les principes et la base même de la politique extérieure royale. Il déclare que Louis XVI n'est pas un « roi conquérant », mais un « roi citoyen ». Il ne veut pas accroître la patrie par des annexions violentes. Son patriotisme n'est pas tout à fait un patriotisme « pacifiste », comme nous dirions, mais il annonce le patriotisme de l'Assemblée constituante répudiant les conquêtes. Ce n'est pas d'ailleurs un patriotisme timide ou défaillant. Vergennes veut établir en Europe, par la paix et l'arbitrage de la France, un équilibre (1). Cela est nouveau.

Mais revenons à Turgot.

On a son plan pour l'organisation d'une patrie fondée sur la liberté et unifiée. C'est le célèbre *Mémoire au roi sur les municipalités.*

Turgot y posait d'abord ce principe très révolutionnaire : « Les droits des hommes réunis en société ne sont point fondés sur leur histoire, mais sur leur nature. Il ne peut y avoir de raison de perpétuer les éta-

---

(1) Albert Sorel a bien résumé cette politique de Vergennes. Voir *L'Europe et la Révolution française,* t. I, p. 316 : «... On recherche dans l'intérêt de tous la véritable règle de l'intérêt de chacun : le despotisme de la raison d'État se tempère, et des considérations de l'ordre purement moral corrigent le réalisme brutal de l'ancienne politique. Quelque chose de *l'Esprit des lois* pénètre dans la diplomatie. » — C'est dans les instructions de Breteuil (28 décembre 1774) que Vergennes oppose le « roi citoyen » au « roi conquérant ». Voir le *Recueil des instructions aux ambassadeurs, Autriche,* p. 487.

blissements faits sans raison. Les rois, prédécesseurs de Votre Majesté, ont prononcé, dans les circonstances où ils se sont trouvés, les lois qu'ils ont jugées convenables. Ils se sont trompés quelquefois. Ils l'ont été souvent par l'ignorance de leur siècle, et plus souvent encore ils ont été gênés dans leurs vues par des intérêts particuliers très puissants, qu'ils ne se sont pas cru la force de vaincre, et avec lesquels ils ont mieux aimé transiger. Il n'y a rien là-dedans qui puisse vous asservir à ne pas changer les ordonnances qu'ils ont faites, ou les institutions auxquelles ils se sont prêtés, quand vous avez reconnu que ce changement est juste, utile et possible. »

Au despotisme il est temps de faire succéder un système de lois. « La cause du mal, sire, vient de ce que votre nation n'a point de Constitution. C'est une société composée de différents ordres mal unis et d'un peuple dont les membres n'ont entre eux que très peu de liens sociaux ; où par conséquent chacun n'est guère occupé que de son intérêt particulier exclusif, presque personne ne s'embarrasse de remplir ses devoirs ni de connaître ses rapports avec les autres ; de sorte que, dans cette guerre perpétuelle de prétentions et d'entreprises que la raison et les lumières réciproques n'ont jamais réglées, Votre Majesté est obligée de tout décider par elle-même et par ses mandataires. On attend vos ordres spéciaux pour contribuer au bien public, pour respecter les droits d'autrui, quelquefois même pour user des siens propres. Vous êtes forcé de statuer sur tout, et le plus souvent

par des volontés particulières, tandis que vous pour-
riez gouverner, comme Dieu, par des lois générales, si
les parties intégrantes de votre empire avaient une
organisation régulière et des rapports connus. Votre
royaume est composé de provinces ; ces provinces le
sont de cantons ou d'arrondissements qu'on nomme,
selon la province, bailliages, élections, sénéchaussées,
vigueries, etc., ou de tel autre nom. Ces arrondissements sont formés d'un certain nombre de villages et
de villes. Ces villes ou villages sont habités par des
familles. Il en dépend des terres qui donnent des
productions ; ces productions font vivre tous les habitants et fournissent des revenus avec lesquels on paye
des salaires à ceux qui n'ont point de terre, et l'on
acquitte les impôts consacrés aux dépenses publiques.
Les familles enfin sont composées d'individus qui ont
beaucoup de devoirs à remplir les uns avec les autres
et envers la société, devoirs fondés sur les bienfaits
qu'ils en ont reçus et qu'ils en reçoivent chaque jour.
Mais les individus sont assez mal instruits de leurs devoirs dans la famille, et nullement de ceux qui les
lient à l'Etat. Les familles elles-mêmes savent à peine
qu'elles tiennent à cet Etat dont elles font partie, elles
ignorent à quel titre. Elles regardent l'exercice de
l'autorité pour les contributions qui doivent servir au
maintien de l'ordre public comme la loi du plus fort,
à laquelle il n'y a d'autre raison de céder que l'impuis-
sance d'y résister, et que l'on peut éluder quand on
trouve les moyens... »

« Il n'y a point d'esprit public, dit Turgot, parce

qu'il n'y a point d'intérêt commun visible et connu. »
Et, préoccupé d'unifier la patrie nouvelle, non seulement au physique, mais au moral, Turgot demande, avant toute chose, « la formation d'un Conseil de l'instruction nationale, sous la direction duquel seraient les académies, les universités, les collèges, les petites écoles ». Il veut préparer l'instruction publique, mettre au concours des livres d'instruction civique. « La religion ne suffit pas pour la morale à établir entre les citoyens. » « Votre royaume, sire, est de ce monde... » « Cette instruction morale et sociale exige des livres faits exprès, au concours, avec beaucoup de soin, et un maître d'école dans chaque paroisse, qui les enseigne aux enfants avec l'art d'écrire, de lire, de compter, de toiser, et les principes de la mécanique. L'instruction plus savante, et qui embrasserait progressivement les connaissances nécessaires aux citoyens dont l'État exige des lumières plus étendues, serait donnée dans les collèges, mais toujours d'après les mêmes principes, plus développés selon les fonctions que le rang des élèves les met à portée de remplir dans la société. »

A la suite de ces réflexions, Turgot proposait ce grand plan de réforme politique et administrative :

1° Municipalités de villages, composées de propriétaires de terre ; municipalités de villes, composées des propriétaires de maisons. La fortune est la base du droit de citoyens. Un homme très riche a plusieurs voix ; moyennement riche, une ; moins riche, un quart ou un cinquième ; sans bien, pas de voix. « Celui qui ne possède point de terre ne saurait avoir de patrie que par le cœur, par l'opinion, par l'heureux préjugé de l'enfance. »

2° Municipalités d'arrondissements, ou d'élection ou de *district*.

3° Assemblées provinciales.

4° Grande municipalité, ou municipalité royale, ou municipalité générale du royaume, formée d'un député de chaque assemblée provinciale.

Répartir l'impôt, voter des travaux publics, voilà le principal objet de ces assemblées.

On procèdera graduellement : on établira d'abord les assemblées de village ; puis, trois ou quatre mois après, quand elles seront assises, les autres.

Ce plan, dont la rédaction est l'œuvre de Dupont (de Nemours), fut achevé en septembre 1775. C'était une œuvre depuis longtemps méditée. « M. Turgot, dit Condorcet, s'était occupé de ce plan longtemps avant d'entrer dans le ministère. Il en avait médité l'ensemble, en avait examiné toutes les parties, avait réglé la marche qu'il fallait suivre et arrêté les moyens de l'exécution (1). »

Turgot se croyait si sûr de la confiance de Louis XVI qu'il espérait pouvoir réaliser ce plan à partir du 1er octobre 1775, époque du renouvellement de l'année financière. Puis, il eut des doutes ; il ajourna la présentation du mémoire à l'année suivante, s'imaginant

_______________

(1) *Vie de Turgot*, par Condorcet, Londres, 1786, in-8°, p. 151. — Bibl. nat., Ln²¹/19894.

sans doute être, à ce moment-là, plus solide et plus autorisé ; mais l'année 1776 vit son renvoi. Le mémoire au roi ne fut publié qu'en 1787, six ans après la mort de Turgot (1).

Soulavie a eu entre les mains un exemplaire imprimé du Mémoire (éd. de 1788), avec des notes marginales autographes de Louis XVI. Le roi s'y moque lourdement de toutes ces nouveautés. Là où Turgot avait mis que la France n'avait pas de Constitution, il écrit : « Voilà le grand grief de M. Turgot. Il faut aux amateurs de nouveautés une France plus qu'Anglaise (2). » Dans ces notes, écrites à la veille de la Révolution, Louis XVI se montre intraitable sur le chapitre de l'absolutisme, et on y voit combien le patriotisme à la manière des philosophes lui répugnait.

Mais le projet de Turgot était tellement conforme aux idées des patriotes d'alors que l'opinion en imposa une réalisation, d'abord partielle, puis générale.

En 1778 fut créée l'Assemblé provinciale du Berry ; en 1779, l'Assemblée provinciale de la Haute-Guienne ; en 1787, il fut établi des Assemblées provinciales dans toutes les Généralités où il n'y avait pas d'Etats.

Il avait paru que les Français n'avaient de patrie, au sens libéral du mot, que dans les provinces où la royauté avait laissé subsister des Etats élus, c'est-à-

(1) Pour la bibliographie de ce Mémoire, voir Quérard, *Les supercheries littéraires dévoilées*, 2ᵉ éd., au mot *Turgot*.

(2) J.-L. Soulavie, *Mémoires historiques et politiques du règne de Louis XVI*. Paris, an X, 6 vol. in-8° ; t. III, p. 146. — Bibl. nat., Lb³⁹/69.

dire dans une moitié seulement du royaume. Le gou·
vernement de Louis XVI put croire ou dire qu'il avait
donné une patrie à tous les Français.

Ce n'est pas le lieu de développer les raisons pour
lesquelles cette réforme ne satisfit pas l'opinion (1).
La création des Assemblées provinciales fut cependant
une intéressante tentative pour former les Français
en patrie libre, et aussi en patrie une. Car cette réforme uniformisait l'administration de toute une
moitié de la France.

L'unité morale de la France sembla aussi rétablie
par l'édit de 1787, qui accorda aux protestants une sorte
d'existence civile. Ces Français hors la loi, et qui vraiment n'avaient plus de patrie, reçurent de Louis XVI
le sérieux bienfait. d'un commencement de patrie.

Déjà, en 1779, l'édit par lequel le roi avait supprimé
la servitude personnelle dans ses domaines et engagé
les seigneurs à suivre. cet exemple avait exalté les
espérances des patriotes et commé́ inauguré une patrie nouvelle.


### III


L'idée que l'existence d'une patrie digne de ce nom
suppose des lois, la liberté, l'abolition du despotisme

(1) Cependant cette réforme fut saluée avec enthousiasme,
même par ceux qui en montrèrent l'insuffisance. Ainsi Condorcet, au début de son *Essai sur la constitution et les fonctions
des Assemblées provinciales* (1788), écrit : « Quel citoyen ne
s'empresserait de porter quelques pierres à un édifice élevé
par un prince protecteur des droits de l'humanité, au milieu des bénédictions de tout son peuple ? »

se trouve plus que jamais sous la plume des philosophes et de leurs disciples.

Dans ses *Lettres de cachet* (1782), Mirabeau dit : « Un esclave ne doit rien, parce qu'il n'a rien en propre ; un homme de cœur sortira bientôt d'un groupe où le despotisme sera établi : s'il ne le peut pas, il sera bientôt dégradé. Où la patrie n'est rien, on ne lui doit rien, parce que les devoirs sont réciproques. »

Qu'un pamphlétaire parle ainsi, cela ne surprend personne. Mais voilà une société savante, l'Académie de Châlons-sur-Marne, qui, en 1787, ayant mis au concours « le meilleur moyen de faire naître et d'encourager le patriotisme dans une monarchie », n'hésite pas à donner le prix à un discours où il est dit : « Pour aimer sa patrie, il faut y être content de son sort... Le bonheur des peuples, qui devrait être le premier but de toute administration, peut donc être regardé comme une des bases dans lesquelles il ne saurait y avoir de patriotisme (1). »

Ce qui est plus intéressant, c'est que, jusque dans les Conseils du roi, l'idée d'un patriotisme libéral (2) est admise et formulée.

Ainsi, dans son discours à la première Assemblée de notables (22 février 1787), le contrôleur général Calonne exprime un patriotisme qui est inconciliable avec le despotisme : « Appelés par le roi, dit-il, à l'hono-

_________

(1) *Discours...*, par M. Mathon de la Cour, Paris, 1787, in-8. — Bibl. nat., Lb³⁹/6393.

(2) Je me permets d'employer ce mot de *libéral* dans le sens politique actuel, qu'il n'avait pas alors.

rable fonction de coopérer à ses vues bienfaisantes, animés du sentiment du plus pur patriotisme, qui, dans tous les cœurs français, se confond avec l'amour pour leur souverain et l'amour de l'honneur, vous n'envisagerez, dans l'examen que vous allez faire, que le bien général de la nation, dont les regards sont fixés sur vous. » Et précisant mieux, il conclut ainsi : « Que d'autres rappellent cette maxime de notre monarchie : *Si veut le roi, si veut la loi.* La maxime de Sa Majesté est : *Si veut le bonheur du peuple, si veut le roi.* » N'est-ce pas là le patriotisme des philosophes ?

A l'ouverture des séances de l'Assemblée provinciale d'Alsace, 20 août 1787, l'intendant, M. de la Galaizière, n'hésite pas à dire : « ... Le temps, le progrès des lumières, le changement des mœurs et des opinions amènent et nécessitent des révolutions dans le système politique des gouvernements. Nous voyons depuis trente ans les idées patriotiques germer insensiblement dans toutes les têtes : chaque citoyen désire aujourd'hui d'être appelé à concourir au bien général. Cette disposition ne peut être trop favorisée. Le roi veut le bonheur de ses sujets ; il ne peut mieux remplir ses vœux qu'en consentant qu'ils y travaillent eux-mêmes (1). »

Ainsi, non seulement dans les écrits des philosophes, des pamphlétaires, mais jusque dans des discours officiels, s'exprime l'idée, si révolutionnaire, que la

_______

(1) *Procès verbal des séances de l'Assemblée provinciale d'Alsace*, p. 5. — Bibl. nat., Lk 15/3, in-4.

patrie ne consiste pas tout entière dans le roi, qu'elle a sa souveraineté, que le roi doit être l'interprète, l'agent de la volonté générale.

C'est déjà, dans l'opinion d'une élite, le roi des Français, plutôt que le roi de France et de Navarre.

On lit dans les remontrances du Clergé, juin 1788 : « La gloire de Votre Majesté n'est pas d'être *roi de France*, mais d'être *roi des Français*, et le cœur de vos sujets est votre plus beau domaine. »

C'est l'époque où le mot *patriote* commence à être pris en mauvaise part par les « conservateurs » obstinés, par les royalistes purs, comme synonyme de révolutionnaire, de factieux. Le prince de Ligne écrit à Joseph II, en mai 1788 : « ...Patriote, mot honorable qui commence à devenir odieux... ; citoyen, autre mot défiguré (1). »

Soit dit en passant, ce charmant prince de Ligne, Belge et Autrichien de naissance, Français d'esprit, était bien le type de ces... « sans patrie » élégants, de ces cosmopolites sceptiques et aimables, qui n'étaient qu'Européens. Il disait : « J'aime mon état d'étranger partout : Français en Autriche, Autrichien en France, l'un et l'autre en Russie, c'est le moyen de se plaire en tous lieux et de n'être dépendant nulle part (2). »

Cette sorte de floraison, d'épanouissement, du patriotisme réformiste ou révolutionnaire sous Louis XVI se

(1) *Lettres et pensées du prince de Ligne*, publiées par M^me de Staël. Paris et Genève, 1809, in-8°; p. 103. — Bibl. nat., Inv., Z, 15497.

(2) *Lettres écrites de Russie*, 1782, éd. Lescure, p. 68.

manifeste par tant de traits ou d'incidents, est tellement le fond de la vie publique d'alors que, si on voulait en donner un tableau complet, c'est presque toute l'histoire politique du règne qu'il faudrait tracer.

Nous n'avons cru devoir citer que quelques exemples particulièrement significatifs. Ajoutons-y l'exemple d'un patriotisme chrétien, à la manière de Bossuet et de Fénelon.

En 1787, aux Etats du Languedoc, dom Ferlus, bénédictin de Saint-Maur, professeur de rhétorique et d'histoire naturelle à l'Ecole royale et militaire de Sorèze, « prêcha » un discours, qu'il publia sous ce titre : *Le patriotisme chrétien* (1).

Il y explique qu'au début les hommes, près de Dieu, ne formaient qu'une grande famille. « Le crime rompit cet heureux accord. » On se sépara. « On perdit de vue l'origine commune. » On fonda des « empires isolés. » Au patriotisme divin succéda un « patriotisme humain », « que dégrada un esprit de division et d'inhumanité, d'orgueil et de bassesse, d'égoïsme et d'insensibilité ». A la religion auguste on substitua les religions.

« De ce nouveau patriotisme naquirent l'ambition, la cupidité, le désir effréné des conquêtes. » Le patriotisme fut inhumain, sanguinaire, non seulement chez les barbares, mais chez les Grecs et les Romains.

Parlant de ces farouches patriotes antiques, qu'exal-

(1) Montpellier, imp. Jean-François Picot, 1787, in-8° de 40 pages. — Bibl. nat., Lk¹⁴/130.

tent les philosophes : « Leurs vertus, dit dom Ferlus, sont le courage, la force, l'intrépidité qui détruisent les hommes ; la finesse, l'élévation du génie, l'éloquence insidieuse qui les asservissent ; la sévérité, l'inflexibilité qui les altèrent ; jamais celles qui les unissent. »

Au « patriotisme de l'homme », dont Ferlus oppose le « patriotisme du chrétien ».

« La moitié des hommes étaient esclaves ; aucun lien ne les unissait ; ils n'avaient pas de patrie ; en les affranchissant, la religion leur en a donné une ; elle en a fait autant de citoyens ; en montrant à l'homme sa dignité, elle lui a fait assez estimer son semblable pour ne pas le réduire à un esclavage qui les dégrade... »

« Malheur à une vertu qui serait funeste à l'humanité. Si le patriotisme ne pouvait exister dans un pays, que pour en rendre les habitants ennemis des autres peuples, que pour cimenter sa puissance dans des flots de sang, n'en doutons pas, mes frères, il faudrait le bannir de tous les cœurs ; et tel est celui qui a mérité l'admiration des générations passées, en même temps qu'il en était le fléau (1). La religion sait nous attacher à notre pays, sans nous rendre cruels et barbares. La terre est une vaste famille. Et de quel droit allons-nous usurper les biens, attenter à la vie de nos frères ?

(1) On trouvera des réflexions analogues, à l'époque de la Restauration dans l'ouvrage de Ballanche : *Essai sur les institutions sociales dans leur rapport avec les idées nouvelles*, Paris, 1818, in-8. — Bibl. nat., R. 27431.

Leur nombre ne permet pas, il est vrai, de ne faire qu'un seul et même corps de société. Mais, parce que ce lien ne peut exister, faut-il donc rompre tous les autres ? » « ... Que le patriotisme de l'homme garde pour lui, s'il le faut, ce mot de gloire qui a été si longtemps le signal du meurtre, le prix de la barbarie. Le patriote chrétien ne fera rien, si on le veut ainsi, pour la gloire de sa patrie ; il fera tout pour son bonheur. L'éclat, la vanité, distingueront le premier ; la bonté, la bienfaisance distingueront le second... »

Fin de la conclusion : « La religion... seule fait les sujets fidèles, les rois justes, les bons citoyens ; elle fait de tout un peuple un peuple de frères, de l'univers une seule famille, et elle présente dès ce monde une image de cette harmonie parfaite qui unira un jour tous les hommes dans le sein du père commun, pour y jouir ensemble d'une gloire et d'un bonheur sans fin. »

Quoiqu'il critique les philosophes, admirateurs du patriotisme « humain », dom Ferlus parle au fond en philosophe. C'est un pacifiste. Il fait fi de la gloire militaire. L'esprit de la Révolution est en lui (1).

Cet esprit était aussi en beaucoup de prêtres catholiques, surtout dans le bas clergé. Nombreux furent,

---

(1) On sait d'ailleurs que dom Ferlus se rallia à la Révolution, prêta serment à la Constitution civile, devint membre correspondant de l'Institut national, dirigea le collège de Sorèze depuis l'an V jusqu'à sa mort (1812). Voir son opuscule : *De l'influence que doit avoir la Révolution sur l'éducation de la jeunesse*. Carcassonne, 1790, in-8°.

dans les villages, les curés patriotes qui prêchèrent la patrie nouvelle, la patrie révolutionnaire. On se demande quelquefois par où l'esprit du siècle pénétra dans l'âme fermée et obscure des paysans ignorants : la prédication chrétienne propagea le grand mouvement philanthropique que les philosophes avaient formulé, prépara la démocratie. Ces curés éclairés rendirent les paysans patriotes.

# CHAPITRE IV

## Patrie, patriotisme dans les cahiers de 1789.

I. La convocation des Etats généraux. — II. Cri de patriotisme
dans tous les cahiers. — III. Le roi symbole et chef de la
patrie. — IV. La patrie une. — V. Particularisme des provinces excentriques. — VI. Caractères généraux du patriotisme dans les cahiers.


### I

Le fait même de la convocation des Etats généraux
accéléra, généralisa ce mouvement patriotique commença la formation de notre actuelle patrie française,
telle que nous l'entendons et telle que nous la vivons :

1° Pour la première fois, tous les Français, ou peu
s'en faut, sont convoqués afin de s'occuper tant des
affaires de la France que des affaires de la province.

Tous les nobles concourent à l'élection de leurs députés. De même, tous les membres du Clergé. De
même, tous les membres du Tiers état, sauf ceux qui

ne sont inscrits au rôle d'aucune contribution, c'est-à-dire sauf les indigents.

Ainsi les Français sont mis en activité politique, non seulement en tant que Provençaux, Languedociens, Bretons ou Alsaciens, mais aussi en tant que Français.

Toute la France, urbaine et rurale, a la parole, et la France lettrée l'avait depuis l'arrêt du Conseil du 5 juillet 1788, qui invitait tous les savants et personnes instruites à adresser au garde des sceaux des renseignements et des mémoires sur la convocation (1).

Mais, si la convocation s'adresse à tous les Français, elle distingue trois Frances dans la France, trois nations dans la nation, je veux dire qu'elle s'adresse à chacun des trois Ordres séparément ; il y a une convocation pour la Noblesse ; il y a une convocation pour le Clergé ; il y a une convocation pour le Tiers état. L'unité politique n'est donc pas réalisée par la convocation des Etats généraux, qui semble au contraire consacrer la diversité : il faudra une révolution pour opérer cette unité, pour fondre ces trois nations en une seule.

2° Convoqués, ces Français se rencontrent, se voient, s'entendent, se serrent la main fraternellement, sans doute chacun dans son Ordre : mais il arrive par fois que les trois Ordres se réunissent spontanément pour faire un cahier commun. Ces quelques fusions

(1) Article 8 de l'arrêt. Isambert, t. XXVIII, p. 605.

provisoires et locales préparent l'opinion à la grande fusion nationale et définitive,

C'est dans l'ordre du Tiers état, qui est à lui seul presque toute la France, que le phénomène de fraternisation patriotique est le plus frappant.

Ce sont d'abord des assemblées de paroisses ou du premier degré. Ce sont aussi, dans les villes, des assemblées de corporation. Là tout le monde se connaît. Là on prend conscience, non seulement des intérêts locaux et professionnels, mais des intérêts nationaux, et on voit la patrie. En beaucoup de ces assemblées, on divise le cahier en deux parties : 1° le royaume ; 2° la paroisse ou la corporation, mettant ainsi la patrie au-dessus du groupement local.

Aux paroisses rurales, c'est d'ordinaire un bourgeois lettré qui tient la plume. Lecteur des philosophes, il élève les paysans à cette idée de patrie, que souvent le curé, en chaire, les a déjà préparés à concevoir. La patrie devient visible, sensible, aimable, dans ces petits comités électoraux de village.

Les délégués élus par ces paroisses se réunissent ensuite au chef-lieu du bailliage (1) pour y fondre tous ces petits cahiers en un seul grand cahier, commun à toute la circonscription électorale, et pour nommer les députés aux États généraux. Ces délégués sont une élite : réunis, la patrie leur apparaît plus nette encore, plus aimable ou plus désirable encore. La patrie, les

_______

(1) Ou de la sénéchaussée. On sait que la circonscription judiciaire forma, sauf exception, la circonscription électorale.

intérêts généraux de la nation, dans ces cahiers du second degré, destinés aux Etats, tiennent une place beaucoup plus grande que dans les cahiers du premier degré, ruraux ou ouvriers, et les intérêts provinciaux n'y figurent presque jamais en première ligne.

Certes, il s'en faut de beaucoup que les trois Ordres, en ces cahiers, soient pleinement d'accord. Les deux Ordres privilégiés, Noblesse, Clergé, défendent souvent leurs privilèges contre le Tiers état, et il arrive que le Tiers état conteste, plus ou moins vivement, les privilèges des deux ordres.

Mais, au total, le mouvement de concorde l'emporte, dans ces élections aux Etats généraux, sur le mouvement de discorde. Il y est généralement admis comme évident que le principe de l'intérêt national est supérieur aux intérêts particuliers. Loin de creuser le fossé qui les sépare du Tiers état, les deux Ordres privilégiés prennent souvent une attitude conciliante, parlent volontiers d'union. La noblesse, si arrogante aux Etats de 1614, s'adresse parfois aux Tiers état avec un ton de fraternité. Ces trois Ordres, ces trois nations ont souvent et expriment souvent le sentiment qu'ils font partie d'une seule et même nation. La nation, la patrie, voilà leur mot de ralliement le plus fréquent.

En quelques bailliages et pour quelques questions, il arrive que les trois Ordres rivalisent de patriotisme. Ainsi, pour certaines réformes de liberté, il y a des cahiers de la Noblesse qui sont plus hardis, plus « patriotes », que tel ou tel cahier du Tiers état.

## II

Dans les cahiers de 1789, on peut dire que l'idée et le mot de patrie, le sentiment et le mot de patriotisme brillent avec honneur.

Tous ces cahiers, à de rares exceptions près, dénotent un état d'esprit que le Tiers du bailliage de Nancy a exprimé en cet article de mandat, qui aurait pu être la devise de tous les Français d'alors : « Que l'image de la patrie soit toujours présente à toutes les délibérations de ses députés (1). »

Le cri du patriotisme n'est pas moins sonore dans les rangs de la Noblesse que dans ceux du Tiers. Peut-être même l'est-il davantage. Selon la Noblesse du bailliage de Villers-Cotterets : « Si le patriotisme pouvait s'affaiblir un moment dans le cœur des Français, c'est dans celui de la Noblesse qu'on viendrait en rallumer le flambeau. » Les nobles de Touraine, fiers de leur « patriotisme », sont « citoyens avant d'être nobles ». La Noblesse du bailliage de Toul a « l'enthousiasme du patriotisme », et veut « que tout intérêt particulier cède à la voix du patriotisme. » Le Clergé se pique aussi de patriotisme, par exemple dans son cahier au bailliage de Sens, où il proteste de son « zèle patrio-

---

(1) Quand nous n'indiquons pas la source, c'est que la citation des cahiers est empruntée aux *Archives parlementaires*, où l'ordre alphabétique et les indications de la table permettront aisément au lecteur de retrouver le cahier cité.

tique », et dans bien d'autres cahiers où se lisent les mots *patrie*, *patriotisme*. Mais le patriotisme du Clergé, évidemment sincère, s'exprime avec plus de réserve et comme à demi-voix.

A tout prendre, c'est peut-être la Noblesse qui, dans cahiers, emploie le plus souvent le mot *patrie*. Dans les cahiers de la Noblesse, comme aussi dans ceux du Clergé et du Tiers, on trouve fréquemment, comme synonymes de patrie, les mots : *Royaume*, *État*, *France*, *Empire*, *Empire français*, fort rarement *pays*.

Mais le mot qui triomphe, c'est le mot *nation*. Il revient constamment. Sans cesse on parle de la volonté de la nation, surtout dans les cahiers du Tiers. C'est déjà, se cherchant, se trouvant, s'annonçant, la nation souveraine, mais qui ne se détache point de son roi et qui veut être dirigée par lui, dans la liberté, avec des lois.

Le roi est-il au-dessus de la patrie ? La patrie est-elle au-dessus du roi ? Cette hiérarchie n'est pas fixée de même par tous les cahiers. Le Tiers du bailliage de Bricy place la patrie avant le roi : « Nos députés, dit-il, ont charge spéciale d'offrir corps et biens à la patrie, à Votre Majesté. » Le Clergé du bailliage de Caen place les droits du roi avant ceux de la nation. La Noblesse du bailliage de Crépy adopte l'ordre opposé : ses vœux seront dictés par « la loyauté, le patriotisme, l'amour pour son roi ». De même le Tiers du bailliage de Dourdan, qui veut « tout sacrifier à la gloire de la patrie et au service de Sa Majesté ». Au contraire, à Évreux, l'ordre de la Noblesse exprime ses « sentiments profonds d'attachements et de fidélité pour le roi et ceux qu'il doit à la patrie ». Le Tiers de la ville de Thionville met le roi avant la patrie : « Qu'on sache que tout Français est toujours prêt à sacrifier sa vie et sa fortune pour son roi, pour la patrie, et qu'il n'excepte de ce sacrifice que l'honneur. » Le Clergé de la sénéchaussée de Limoges semble mettre la patrie avant le roi, quand il dit qu'il « sent redoubler toute l'énergie de son patriotisme, ainsi que sa tendresse pour un prince émule de Louis XII et de Henri IV ». La ville de Blanzac, sénéchaussée d'Angoulême, place les lois et la patrie avant le roi, quand elle vante le Tiers état « si docile aux lois, si fidèle à la patrie et idolâtre de ses rois » (1).

En réalité, pour tous ces Français de 1789, la patrie et le roi sont inséparables, comme la tête et le corps.

Mais la patrie n'est vraiment patrie que si elle est organisée par des lois et avec la liberté.

Jusqu'ici elle sommeillait. La voilà qui s'éveille. C'est un officier du roi qui le dit. En effet, dans son discours de clôture à l'assemblée du bailliage de Dijon, le lieutenant général Frecot de Saint-Edme salue « cette patrie qui, après tant d'années d'un sommeil léthargique, s'est enfin réveillée et fait aujourd'hui retentir en tous lieux les accents mâles et fiers de sa voix magnanime ».

______

(1) Boissonnade, *Cahiers de la sénéchaussée d'Angoulême*, p. 247.

Ce réveil de la patrie, c'est le réveil de la liberté et des lois.

Ce n'est pas assez de parler de liberté, de parler de lois : il n'y a de vrai patriotisme, selon le cahier de la ville de Vienne, que là où il y a égalité de droits. Ce patriotisme « peut-il exister où la patrie n'appartient pas également à tous, où les droits usurpés sont, pour quelques-uns, l'immolation, et les fers pour le plus grand nombre ? »

En tous cas, il faut mettre fin au despotisme, au régime du bon plaisir. Il faut des lois, il faut une Constitution (1), il faut une charte.

---

(1) Ce sont les lois qui peuvent rendre les Français heureux. On lit dans les cahiers de Sénéchas, diocèse d'Uzès (art. 51) : « Il faut du patriotisme dans un État. Le moyen d'attacher chacun à sa patrie, c'est de l'y rendre plus heureux qu'il ne saurait l'être ailleurs. Ce bonheur dépend des lois plus que de toute autre chose. » (*Cahiers de doléances de la sénéchaussée de Nimes*, par Bligny-Bondurand, t. II, p. 390.) Le Tiers état du bailliage de Meaux demande une Constitution dont l'article 1er sera : « La France est un empire gouverné par un roi suivant les lois. » A Paris, un citoyen du district de Notre-Dame, nommé Du Morier, propose, en un projet de cahier, que Louis XVI soit appelé Louis-le-Patriote, pour le remercier de vouloir donner une Constitution à la France : « C'est par cette Constitution, dit-il, que nous allons avoir réellement une patrie. Nous léguerons cette patrie à tous nos descendants, et ils confirmeront, nous n'en pouvons douter, le titre de roi patriote que nous donnons aujourd'hui au prince sous lequel cette patrie aura été régénérée. » Voir une lettre de Du Morier dans le *Moniteur* du 23 mai 1790 (réimp., t. IV, p. 436) et son projet imprimé. — Bibl. nat., Le **29**/142, in-8°.

Une charte! C'est un des mots qui reviennent le plus souvent dans les cahiers.

« Il faut une charte entre le roi et la nation », dit le Tiers état de la sénéchaussée d'Anjou. La Noblesse du bailliage d'Aval, à Lons-le-Saunier, demande une « charte nationale par laquelle il sera établi par la nation et reconnu par le roi que, etc. » Le Tiers de Bourg-en-Bresse veut « une charte de la constitution de la monarchie française » ; le Clergé du bailliage de Caen, « une charte française qui assurera pour jamais les droits du roi et de la nation » ; la Noblesse de la sénéchaussée de Toulouse, « une grande charte solennelle ». Il ne s'agit pas, pour la noblesse du bailliage du Nivernais, de demander au roi la faveur de quelques concessions en forme de charte ; il s'agit de proclamer et de formuler les droits de la nation : « Les droits de la nation seront reconnus avoués et constatés par un acte synallagmatique, et déposés dans une charte solennelle (1). »

## III

Fonder la patrie sur des lois, ce n'est pas assez : il faut unifier la patrie.

(1) Je ne cite que quelques exemples. On trouvera cette demande d'une charte dans beaucoup d'autres cahiers, entre autres dans ceux du Tiers de la sénéchaussée de Brest et de la Noblesse du bailliage d'Évreux. Préoccupée d'unir tous les Français en une seule patrie, la Noblesse du bailliage de Nancy n'emploie pas ce mot de *charte*, mais demande un *pacte français*.

La France n'est qu'un assemblage de peuples mal
unis, en partie étrangers les uns aux autres. Malgré
une tendance constante à l'unité, cette France d'ancien régime semble n'être que diversité, que désordre,
que bigarrure, et elle offre aux contemporains l'aspect d'un chaos. Il n'y a unité, ni dans la législation
civile, qui se formule en plus de trois cents coutumes,
souvent contradictoires, ni dans l'administration, ni
dans la justice, ni dans le régime militaire, ni dans la
vie communale, ni en quoi que ce soit. Edme Champion, dans son livre sur *la France d'après les cahiers
de 1789*, et Armand Brette, dans son Recueil sur la
Convocation, ont rappelé les plaintes des contemporains sur ce manque d'unité, qui rendait impossible
toute réforme générale, et ils ont caractérisé, par des
traits précis, cette diversité stérilisante.

Le patriotisme des cahiers est donc fort souvent un
patriotisme unitaire.

Nullement chimérique, les rédacteurs de ces cahiers
(c'est-à-dire le peuple français) s'attachent d'abord à
illustrer, à fortifier le seul élément d'unité qui existât
dans ce chaos, à savoir la royauté, le roi.

C'est un élan de reconnaissance, d'admiration,
d'amour pour Louis XVI, qui, en convoquant les
Etats généraux, a fait acte de roi national, de roi
patriote.

Beaucoup de cahiers demandent qu'il soit élevé un
monument à Louis XVI.

Ainsi la Noblesse d'Aix charge ses députés « de proposer aux Etats généraux qu'il soit élevé un monu-

ment patriotique en l'honneur d'un souverain bienfaisant, le restaurateur de sa fidèle nation ». La ville de Lyon demande un monument à Louis XVI, « restaurateur de la liberté et des droits de la nation ». Les trois Ordres de Montfort-l'Amaury, « un monument consacré à la liberté publique et à la gloire de Louis XVI ». La paroisse de Charonne, « un monument à la gloire du roi et de son ministre des finances... à la place des bâtiments de la Bastille ». La paroisse de Fosses (Paris hors les murs), « une statue à la gloire de Louis XVI dans tous les lieux de son obéissance ». La paroisse de Triel, un monument à Louis XVI devant le Louvre, « à moins de distance possible d'Henri IV, comme il l'est dans le cœur des Français ». Le Tiers état de Paris hors les murs : « Il sera érigé à Louis XVI, restaurateur de la liberté, le plus magnifique des monuments que la France ait consacré à la gloire de ses rois. » Le Tiers état de Paris *intra muros* : « Sur le sol de la Bastille, détruite et rasée, ...une colonne ...à Louis XVI, restaurateur de la liberté publique. » Le Tiers État de Paris, séant aux Mathurins : sur l'emplacement de la Bastille démolie, un monument « à Louis XVI, roi d'un peuple libre ». Le Tiers état de Paris, district de Saint-Louis-la-Culture : sur les ruines de la Bastille, un monument à la gloire de Louis XVI, « en reconnaissance de la convocation des États généraux et du recouvrement de la liberté publique ». Le Tiers état de Riom, « un monument à la gloire de Louis XVI le Bienfaisant, roi-citoyen, restaurateur et modérateur de l'Empire ». Le

Tiers état de la ville de Rouen, un monument à Louis XVI, « surnommé le *Père du peuple* », à Paris, au milieu d'une place nommée *des Etats généraux*, « et qu'il surpasse en magnificence tous les autres monuments publics de la capitale, pour annoncer aux étrangers et à la postérité l'importance de l'événement et l'énergie des sentiments qui en font voter l'érection ».

D'autres cahiers demandent l'établissement d'une fête nationale en l'honneur et à la mémoire de Louis XVI. Ainsi le Tiers état du bailliage de Meudon « consacre les premiers mouvements de son cœur à la vive reconnaissance dont il est pénétré pour le patriotisme sans exemple de son auguste souverain, qui, non content du titre, peu commun, de *Père du peuple*, veut en mériter un autre, plus rare encore, celui de *Régénérateur* de sa nation. » En conséquence, « il a unanimement voté de proposer aux Etats généraux l'établissement d'une fête nationale, dont la solennité, revenant chaque année, perpétuerait d'âge en âge la mémoire des bienfaits du roi... » La Noblesse du 14e département de Paris veut une fête annuelle en forme de procession, un dimanche de mai, « mois où Sa Majesté est montée sur le trône ». La paroisse de Vicheray, bailliage de Toul, une « fête nationale et perpétuelle », chaque année, le 27 avril, jour où Sa Majesté « a pris dans son Conseil la résolution de convoquer la nation ».

En plusieurs cahiers, des titres honorifiques sont décernés à Louis XVI. La communauté de Saint-Cloud le supplie d'agréer le surnom de *Bienfaisant* et de *Père du peuple*. La paroisse de Triel prie le roi « d'accepter, à l'exemple de Louis XII, un surnom qui qualifie ses vertus ». Les habitants du bailliage de Montaigut-en-Comtrailles (Auvergne), placent Louis XVI, à côté des rois Louis XII et Henri IV » « et le « surnomment comme eux le Père du peuple ». Le Tiers état de la sénéchaussée de Vannes s'écrie : « Remercions-le d'avoir brisé les fers de la nation. Qu'on lui décerne le nom de *Père du peuple !* Qu'une médaille éternise notre reconnaissance et sa gloire ! » Le rédacteur des cahiers de Ballainviliers (Paris hors les murs), sans doute grand lecteur de Mably, compare Louis XVI à Charlemagne : « Et l'on sait que ce monarque, en rétablissant les Etats généraux et provinciaux, a posé les bases solides de sa grandeur. Le Tiers état sera donc persuadé qu'il est juste de supplier Sa Majesté d'accepter le surnom d'*Emulateur de Charlemagne*. »

Dans ces éloges si vifs, parfois si naïfs, il n'y a, on le voit, nulle flagornerie. Ce n'est pas un maître que l'on complimente, c'est le restaurateur de la liberté, c'est le continuateur de l'unité nationale. On aime sa personne parce qu'on aime ses promesses. Que Louis XVI vienne à manquer ses promesses, on le haïra autant qu'on l'a aimé. On peut presque dire que l'échafaud de Louis XVI est implicitement contenu dans ces louanges et ces remerciements, dans tout ce geste de confiance.

## IV

Dans les cahiers de 1789, la tendance à l'unité, le souci de mettre la grande patrie française au-dessus des petites patries, les intérêts généraux au-dessus des intérêts locaux ou particuliers, le désir de rapprocher les trois Ordres, les trois nations dans le sentiment de l'unité national, de la souveraineté de la nation ne s'expriment pas seulement par un éloge du roi, mais directement, par un hommage formel, à la patrie, à la nation.

Déjà, le 21 juillet 1788, l'Assemblée des trois ordres du Dauphiné, à Vizille, avait arrêté « que les trois Ordres du Dauphiné ne sépareront jamais leur cause de celle des autres provinces, et qu'en soutenant leurs droits particuliers, ils n'abandonneront pas ceux de la nation... » Et dans leurs « représentations au roi », ces Dauphinois avaient dit : « Nous nous faisons gloire d'être Français, et de remplir tous les devoirs attachés à ce titre : nous sommes prêts à donner, pour le soutien du trône, nos fortunes et nos vies ; mais nous voulons les sacrifier, et non pas les laisser ravir... » Le mot de patrie sonnait dans leur bouche avec un accent national. Ainsi, à propos de soldats que le roi avait envoyés contre eux : « ...En voulant sauver notre patrie, disaient-ils, pourrions-nous craindre ses défenseurs (1) ? »

(1) *Assemblées des trois Ordres de la province du Dauphiné,* 1788, in-8°. — Bibl. nat., Lb³⁹/615.

Un an plus tard, en 1789, un des instigateurs de
cette manifestation révolutionnaire dauphinoise,
Mounier, quoi qu'il sentît son ardeur refroidie, loua
en ces termes l'élan patriotique et unitaire de l'Assemblée de Vizille : « Je ne crois pas que j'aie pu nuire
à ma patrie en prouvant les dangers des privilèges
des provinces dans l'Assemblée tenue à Vizille le
21 juillet 1788, où l'on déclara que les Etats du Dauphiné ne connaîtraient jamais d'autres subsides que
ceux qui seraient accordés par les Etats généraux ; en
publiant sans relâche qu'il fallait oublier tous les préjugés de lieux, de corps et de profession, adopter
pour patrie la France entière, et mettre la liberté publique sous la garde de tous... (1). »

Connu de toute la France, ce geste des Dauphinois
pour la patrie et l'unité inspira beaucoup de cahiers.

Ainsi, le Clergé de la sénéchaussée d'Agen félicite le
roi de ce qu'il veut « rapprocher les trois Ordres par
un intérêt commun et un égal amour de la patrie. »
Le Tiers du bailliage d'Amiens a en vue « la prospérité générale du royaume et le bien de tous et de
chacun des citoyens ». La Noblesse d'Artois regrette
que cette province ait été « privée depuis 1484 du
bonheur de se réunir en corps de nation avec les
autres provinces de la monarchie ». C'est « le bonheur
de l'Empire français » que veut la Noblesse du bailliage
de Chalon-sur-Saône. Le Tiers de la Corse se réjouit

(1) Mounier, *Considérations sur les gouvernements*. Paris,
1789, in-8°.

de la réunion de cette île à la France. Les Dauphinois sont, en 1789, aussi ardemment unitaires qu'ils l'avaient été en 1788. On lit dans le cahier de la ville de Vienne : « Puisse se taire, en ces moments précieux, tous les intérêts opposés à la régénération de la France, et, du Rhin aux Pyrénées, des Alpes à l'Océan, un seul vœu être formé pour la félicité générale ! S'il est permis à tous les citoyens de témoigner hautement ce qu'ils attendent de l'Assemblée nationale, la ville de Vienne élèvera la voix dans cette conjoncture à jamais mémorable, pour demander que la nation française soit heureuse, et que son chef soit un grand monarque. » « Il est à désirer que les provinces fassent à la nation le sacrifice de leurs constitutions particulières, de leurs capitulations, de leurs traités, et que la France ne soit, à l'avenir, qu'un grand corps de monarchie, sous une seule loi, comme sous un seul roi, que l'on n'y connaisse d'autres droits et d'autres pouvoirs que ceux du roi et ceux de la nation. »

Leur « amour pour la patrie » impose aux nobles de la sénéchaussée de Dax le devoir de s'occuper « plus particulièrement des choses générales que de celles qui seraient particulières et locales ».

Les trois Ordres du bailliage de Langres s'écrient, dans leur cahier commun : « Ah ! dans un moment si intéressant, Français, oublions-nous tous, pour ne nous occuper que de la France ! Que les divers intérêts de provinces, d'ordres, de classes, d'individus disparaissent devant l'intérêt public ! Ou, s'ils sont encore pour vous de quelque considération, songeons qu'ils sont essentiellement liés au salut de la patrie. » Le Tiers de la sénéchaussée de Guéret déclare que « l'union des Français va ouvrir les sources de la félicité publique ». Le Tiers de la sénéchaussée de Nîmes « charge ses députés de se regarder en même temps comme les députés de tous les Français ».

Très explicite est le Tiers de la principauté d'Orange : « La gloire du monarque, dit-il, exige que le citoyen patriote donne le premier de ses vœux à la nation qui le protège, le second à la province qu'il habite, et le troisième à la cité qui l'a vu naître. »

Le Tiers de la sénéchaussée de Ponthieu présente ses vœux : « 1° comme Français ; 2° comme habitant du ressort de la sénéchaussée de Ponthieu ».

A l'assemblée du Tiers état de la sénéchaussé d'Auvergne, Malouet dit, au nom de la ville de Riom : « Nous nous sommes considérés comme membres de la grande famille, et non comme circonscrits dans une cité. »

La Noblesse de la sénéchaussée de Saintes n'hésite pas à signaler comme un progrès de la patrie l'édit en faveur des protestants : « Après avoir rendu par son édit de novembre 1787 l'existence civile à une partie de la nation, que des lois injustes en avaient privée, Louis XVI rend à la nation entière l'existence politique. »

La Noblesse du bailliage de Toul, animée de « l'enthousiasme du patriotisme », s'écrie : « Que tout intérêt particulier cède à la voix du patriotisme ! » Le

Tiers du même bailliage dit : « Nous sommes Français, et nous ne pouvons l'oublier, même dans le moment où nous avons sous les yeux l'ensemble des abus dont nous gémissons et le tableau de nos malheurs. »

La Noblesse du bailliage de Touraine veut s'occuper avant tout des « droits généraux de la nation, droits d'où dérivent nécessairement tous ceux qui appartiennent à chaque province, à chaque bailliage, à chaque communauté, à chaque individu ». Ces nobles de Touraine se déclarent « citoyens avant d'être nobles ».

V

Si dans les cahiers de 1789 il y a une tendance unitaire, et qui s'exprime avec une vivacité éloquente, d'autres tendances opposées s'y expriment aussi par des vœux particularistes, et il s'en faut de beaucoup que toutes ces petites patries veuillent être complètement absorbées dans la grande patrie (1).

Le Tiers état d'Aix donne mandat à ses députés de requérir « que la Provence soit maintenue dans sa constitution d'État principal uni, et non subalterne ».

En Franche-Comté, la Noblesse du bailliage d'Amont à Vesoul a des vœux très particularistes. Elle fait

____

(1) Quelques-unes des citations qu'on va lire ont déjà été faites par Edme Champion dans son livre : *La France d'après les cahiers de 1789.* Nous les avons vérifiées, complétées, parfois rectifiées.

l'historique de la réunion de la Franche-Comté à la France. Elle rappelle la charte accordée par Charles VIII à cette province en 1483, quand elle fut momentanément annexée, et le serment fait par Louis XIV, lors de la réunion définitive, de respecter les privilèges, franchises et libertés de la Franche-Comté. Ces nobles comtois concluent « que, pour prix de son dévouement, la province de Franche-Comté attend avec confiance que les Etats généraux joindront leurs supplications aux siennes pour lui obtenir de Sa Majesté une charte semblable à celle de 1483, confirmative de ses droits, privilèges, immunités, lois, franchises et libertés, et des capitulations sous la foi desquelles elle s'est soumise à Louis XIV ».

Le cahier général du bailliage de Belfort et Huningue demande « le rétablissement des privilèges dans lesquels la province d'Alsace a été maintenue par les différents traités de paix ».

Le Tiers de la sénéchaussée de Dinan dit : « La province de Bretagne n'ayant été unie à la couronne de France qu'à des conditions qui doivent être sacrées, on demande que cette province soit maintenue dans tous les droits, privilèges, fonctions et libertés qui lui sont conservés par le contrat d'union à la couronne et par les autres postérieures, autant qu'ils en sont rénovatifs et conservatifs... »

En Provence et à Marseille, on est à la fois unitaire et particulariste. Si la Provence est la *patrie*, la France est la *nation*. Les nobles de la sénéchaussée de Forcalquier sont Français avant d'être Provençaux :

« Les nobles, en présentant leurs objets de doléances, remplissent une mission de devoir et d'honneur . Ils considèrent qu'ils sont Français, Provençaux et nobles. Comme Français, l'intérêt de la nation excite leur zèle. Comme Provençaux, celui de la patrie réclame leur sollicitude. Comme nobles, ils sont faits (?) et toujours prêts à verser leur sang  pour la défense du royaume et l'augmentation de la gloire du Roi... » De même le Tiers état de Marseille : « Nous avons l'avantage d'être Français et Marseillais. Français, l'intérêt général de la nation excite notre zèle. Marseillais, l'intérêt de la patrie, qui ne peut être séparé de celui du commerce, réclame notre sollicitude (1). » Mais le même Tiers état demande le maintien de tous les privilèges de Marseille, « co-Etat non subalterne, qui est à la Provence ce que la Provence est au royaume ».

La Noblesse de Rouen demande que, « pour maintenir la constitution nationale du duché de Normandie, on ratifie de nouveau tous ses droits, privilèges, capitulations, traités et chartes, notamment celle donnée par Louis X en 1315, appelée Charte normande, et les continuations d'icelles faites de règne en règne par ses successeurs, dont copie sera jointe au présent cahier ».

(1) Fournier, *Cahiers de la sénéchaussée de Marseille*, p. 362. Les avocats de Marseille disent, aussi dans leur cahier, qu'ils sont « Français, Marseillais et avocats ». Les maîtres perruquiers :« Nous sommes Français, nous sommes Marseillais, nous sommes perruquiers : voilà les rapports qui nous lient à l'État. »

La Noblesse de la sénéchaussée de Dombes à Trévoux proteste, d'un ton furieux, contre la réunion de la principauté de Dombes à la France, par un acte « aussi infâme que révoltant ». Cet acte, ce sont les lettres patentes de mars 1762, portant ratification du contrat d'échange fait entre le roi et le comte d'Eu. Par ce contrat *notarié*, en date du 19 mars, le comte d'Eu cédait au roi la propriété, possession et jouissance de la principauté et souveraineté de Dombes, et, en échange, le roi lui cédait diverses terres, entre autres le duché de Gisors et le comté de Dreux avec sa forêt (1). Ainsi vendus ou troqués, comme un bétail, les gens de Dombes avaient perdu la plupart de leurs droits et franchises (2).

Tout en se montrant très française, la Noblesse du Roussillon, sénéchaussée de Perpignan, formule ce mandat particulariste : « ...Après avoir fixé la Constitution générale, et préalablement à toute délibération sur les subsides, les députés s'occuperont des intérêts de la province, et [en] feront valoir les droits avec tout le zèle du patriotisme : ils demanderont, en conséquence, la confirmation des traités par lesquels la province s'est volontairement soumise à la France,

(1) On trouvera ces lettres patentes à la page 403 du *Mémorial de Dombes*, par d'Assier de Valenches, Lyon, 1854, gr. in-8°. — Bibl. nat., Lk²/689.

(2) Sur le rapport d'Enjubault, au nom du Comité des domaines (voir *Moniteur*, réimp., t. IX, p. 804), l'Assemblée constituante décréta, le 27 septembre 1791, « que le pays de Dombes, avec ses dépendances, est uni à l'Empire français ».

de celui de Péronne de 1641, et de celui des Pyrénées
de 1659... »

Le Tiers état des Quatre-Vallées, à La Barthe, ne se
contente même pas de ses privilèges actuels : il veut
rentrer dans ses privilèges anciens, et demande
« l'exécution pleine et entière du contrat synallagmatique intervenu lors de la soumission volontaire des
habitants des Quatre-Vallées à la couronne de France,
sous le règne de Louis XI, confirmé de règne en règne,
et, par voie de suite, l'anéantissement de tous édits,
déclarations du roi et arrêts de son conseil, contraires
audit traité ».

Très particularistes sont les Etats de Béarn, qui distinguent « les Etats de la souveraineté de Béarn » des
« Etats généraux de la France ».

Mais nul pays ne se montra aussi particulariste que
la Navarre. Les Etats généraux de ce « royaume »
firent la sourde oreille à la convocation. Ces Etats généraux se disaient souverains. La Navarre avait jadis
voulu avoir un roi, et elle avait choisi le roi de France.
La convocation ne pouvait concerner cette nation indépendante. C'est seulement en juin 1789 que les Etats
de Navarre nommèrent des députés, avec un mandat
très limité. Ces députés ne se présentèrent pas à l'Assemblée constituante, n'y siégèrent jamais (1). Quand
les privilèges des provinces furent abolis, dans la nuit
du 4 août 1789, le syndic des Etats de Navarre, Polve-

_______________

(1) Voir A. Brette, *La Convocation des Etats généraux*, t. II,
p. 524.

rel, protesta. Il protesta aussi après le décret du 8 octobre 1789, qui supprima le titre de roi de France et de Navarre. Il fit remarquer que ce décret libérait la Navarre de tout engagement. Elle pouvait rester un royaume, ou se constituer en république. Elle pouvait s'unir ou ne pas s'unir à la France. Il est probable, disait Polverel, qu'elle s'unira en effet à la France ; mais la France n'a pas le droit de l'y forcer (1).

On remarquera que ces tendances particularistes, dont quelques-unes sont si vives et nous étonnent aujourd'hui, émanaient des provinces excentriques, des provinces frontières, des provinces réunies le plus récemment à la couronne.

Dans les vieilles provinces on ne les rencontre guère.

Sans doute, on l'a vu, la Noblesse de Rouen revendique les privilèges du duché de Normandie, la charte normande de 1315. Mais la Noblesse du bailliage de Caux est beaucoup moins particulariste. Elle veut des États pour toutes les provinces. C'est seulement si cette institution n'est pas généralisée que « les députés réclameront le droit qu'a la province d'organiser elle-même ses États provinciaux ». « Mais, pour resserrer d'une manière plus particulière les liens qui

_____________

(1) Voir le curieux ouvrage intitulé : *Tableau de la Constitution du royaume de Navarre et de ses rapports avec la France*, imprimé par ordre des États généraux de Navarre, avec un discours préliminaire et des notes, par M. de Polverel, avocat au Parlement, syndic-député du royaume de Navarre. Paris, 1789, in-8° de LXXXV-356 p. — Bibl. nat., Lk²/1161.

l'unissent au royaume, et mettre plus sûrement la province à portée de participer aux avantages de la régénération générale qu'on a le droit d'espérer, elle préfère de tenir l'exercice de ses droits de la nation tout entière. »

Dans les provinces centrales et anciennes, on aurait de la peine à trouver des tendances particularistes. Les progrès du mouvement unitaire, sous Louis XVI, ont à peu près fait disparaître ces tendances.

Un fait peu connu montrera ces progrès.

En 1744, le roi convoqua les « Etats de la partie de Champagne et de Brie régis par la coutume de Vitry », afin de déclarer si cette coutume de Vitry était vraiment allodiale, comme le disait le bailliage. Ces Etats tinrent leur session à Vitry-le-François. A l'ouverture de la première séance, le greffier eut la parole pour faire lecture de la lettre de cachet du roi et des lettres patentes. Il commença à lire : *De par le Roy...* Aussitôt le prince de Ligne, qui présidait la noblesse comme marquis de Dormans, l'interrompit en disant : « Greffier, lisez mieux. Les seigneurs Etats ne connaissent pas ici le roi tout court, mais reconnaissent le roi comme comte de Champagne, et sont, en cette qualité, ses très fidèles Etats et respectueux sujets. » Alors le greffier reprit et dit : *De par le Roy, comte de Champagne*, et continua la lecture de la lettre de cachet et des lettres patentes (1). En 1789, une telle

(1) *Journal du prince de Ligne sur les États tenus à Vitry-le-François en 1744.* Vitry-le-François, s. d., in-8° de 58 pages. — Bibl. nat., Lk¹⁴/235. — Ch. Bertin du Rocheret, *Journal*

prétention à distinguer le roi de France du comte de Champagne n'aurait plus été ni admise ni peut-être comprise, et on chercherait vainement trace de ce particularisme dans ceux des cahiers du bailliage de Vitry-le-François que nous possédons.

Même dans les cahiers des provinces excentriques, les vœux les plus particularistes n'avaient rien d'antifrançais, ou même parfois ils n'étaient que des façons de parler, qu'un souvenir du passé.

On a entendu la furieuse protestation de la Noblesse de Dombes contre l'annexion de ce pays à la France. Une fois cette protestation formulée, la même Noblesse, dans le même cahier, fait remarquer que la convocation des Etats généraux change la situation. Maintenant qu'un bon roi, « père du peuple », établit la liberté, maintenant que les nobles de Dombes peuvent espérer le rétablissement de leurs Etats provinciaux, les nobles de Dombes acceptent volontiers d'être Français : « Nous ne devenons libres que pour devenir Français, et lui offrir (au roi), à ce titre, l'hommage pur de notre dévouement, de notre zèle et de notre soumission. »

En somme, les provinces réunies les dernières à la couronne, les provinces frontières, les pays d'Etats, ceux qui ont des privilèges consacrés par traités, semblent demander *union*, et non *fusion*.

Mais si la liberté et l'égalité sont établies dans tout

*des États tenus à Vitry-le-François en 1744*, publié par Auguste Nicaise. Châlons-sur-Marne et Paris, 1864, in-8° de xxi-332 pages. — Bibl. nat., Lk²/1982.

le royaume, si toute la patrie française est organisée
par de bonnes lois uniformes, ces provinces laissent
entendre qu'elles consentiront à la fusion, qu'elles renonceront à leurs privilèges pour jouir du droit commun. pour ne former qu'une France.

## VI

Il y a donc, dans les cahiers de 1789, un vif et imposant mouvement d'ensemble vers l'unité française.
Ce mouvement est encore contrarié par des diversités
singulières, par des particularismes discordants. Il y a
bien des difficultés à vaincre pour que la patrie une
soit fondée, comme il y en a qui s'opposent à la fondation de la patrie libre. Mais on sent que le mouvement national unitaire est plus fort, dans les esprits,
que les tendances particulières, que les tendances
centrifuges. Les volontés et les cœurs sont généralement conquis à l'idée de la patrie une, comme à l'idée
de la patrie libre.

Quant au patriotisme humanitaire, internationaliste,
que les philosophes avaient si souvent exprimé, je
n'en ai pas trouvé de trace bien nette dans les cahiers,
pas plus que je n'y ai trouvé de trace d'un patriotisme
xénophobe. C'est qu'aucun incident récent n'avait mis
à l'ordre du jour de l'opinion la question des rapports
de la France avec les autres nations, et cette question
ne semblait même pas devoir faire partie du programme des États généraux. Il semblait sans doute

aux rédacteurs des cahiers que la politique étrangère devait être laissée tout entière aux mains du roi.

Ce patriotisme, qui n'est ni internationaliste, ni xénophobe, on ne le voit encore ni farouchement intolérant ni formulé en dogme religieux. Je ne trouve qu'un cahier qui présente la patrie comme une personne divine, qu'on ne peut offenser sans impiété, sans sacrilège. C'est le cahier du Tiers état de la ville de Paris, où on lit : « Toute personne qui sera convaincue d'avoir fait quelque acte tendant à empêcher la tenue des Etats généraux sera déclarée traître à la patrie, coupable du crime de lèse-nation, et punie comme telle par le tribunal qu'établiront les Etats généraux actuels. »

# CHAPITRE V

## Patrie, patriotisme au début de la Révolution française

I. La patrie apparaît aux trois Ordres réunis à Versailles. — II. L'Assemblée nationale et le patriotisme. — III. La patrie réalisée dans la nuit du 4 août. — IV. Unification matérielle de la patrie et unification morale.

La Révolution française, dans tout son développement, peut, doit être considérée comme un grand effort que firent les Français — effort violent, parce qu'il fut contrarié — pour se procurer une patrie telle que les philosophes l'avaient demandée, telle que la demandait presque toute l'élite, c'est-à-dire une patrie fondée sur les principes de liberté et d'égalité, une patrie physiquement une, moralement une, une patrie sœur des autres patries existantes ou à créer, avec l'idéal d'unir ces patries en une seule grande famille humaine.

Si donc on voulait faire toute l'histoire de la fondation de cette patrie nouvelle, toute l'histoire du patriotisme, c'est l'histoire même de la Révolution qu'il faudrait écrire tout entière.

Mais je n'entreprends qu'une esquisse, et une esquisse des premiers événements de cette Révolution. Je me bornerai à mettre en lumière quelques faits, quelques incidents, qui, relatifs à la patrie, au patriotisme, me semblent, petits ou grands, faire le mieux comprendre les vicissitudes de la chose, du mot, du sentiment.

## I

Déjà aperçue dans les assemblées particulières qui eurent lieu, pendant la convocation, pour rédiger les cahiers, pour élire les électeurs, puis les députés, l'image de la patrie fut visible, en plus vif éclat, quand les députés des trois Ordres se trouvèrent réunis à Versailles pour la séance solennelle du 5 mai 1789.

La vue de cette image fit oublier au Tiers état les blessures causées à son amour-propre par une étiquette de privilège et d'inégalité.

C'est avec un ravissement patriotique qu'il entendit le roi s'adresser *aux représentants de la nation à laquelle il se fait gloire de commander*, et exprimer l'espoir que les ordres, « réunis de sentiments », concourront avec lui « au bien général de l'État ».

Le discours du garde des sceaux Barentin fonda formellement la patrie sur la liberté :

« C'est dans ce jour solennel, dit-il, que Sa Majesté veut établir la félicité générale sur cette base sacrée : la liberté publique. »

Il parut fonder aussi la patrie sur l'égalité :

« ... Si les intérêts de la nation se confondent essentiellement avec ceux du monarque, n'en serait-il pas de même des intérêts de chaque classe de citoyen en particulier ? Et pourquoi voudrait-on établir, entre les différents membres d'une société politique, au lieu d'un rang qui les distingue, des barrières qui les séparent ? »

Il n'est point de profession inutile ou dégradante : « Tous les citoyens du royaume, quelle que soit leur condition, ne sont-ils pas les membres de la même famille ? » « Loin de briser les liens qu'a mis entre nous la société, il faudrait, s'il était possible, nous en donner de nouveaux, ou du moins resserrer plus étroitement ceux qui devraient nous unir. » L'émotion des patriotes dut être délicieuse, quand ils entendirent l'homme du roi s'écrier : « Représentants de la nation, jurez tous au pied du trône, entre les mains de votre souverain, que l'amour du bien public échauffera seul vos âmes patriotiques... » « Enfants de la patrie que vous représentez, écartez loin de vous toute affection, toutes maximes étrangères aux intérêts de cette mère commune ; que la paix, l'union et l'amour du bien public président à toutes vos délibérations. »

Dans le discours de Necker, directeur général des finances, discours si attendu, si important, dans ce discours du promoteur de la Révolution française, on ne sentit pas vibrer le même patriotisme français. C'est que Necker était Genevois, et non Français. Et, soit dit en passant, le fait que le chef du mouvement patriotique français ne fût pas français, le fait que le premier ministre fût un étranger, montre ce qu'il y avait encore d'incertain et de flottant dans la patrie et dans le patriotisme de 1789.

Quoique Necker dise *notre monarque*, il ne pouvait pas, en parlant des Français, dire *nous* ; il ne pouvait pas, en parlant de la France, dire *notre patrie*, et aussi ne le dit-il point. Mais il tâche de faire oublier la fausseté de sa situation d'étranger par la chaleur de ce salut à la France : « O France ! heureuse France ! C'est entre les mains de tes citoyens, c'est entre les mains de tes enfants, c'est entre les mains de tes représentants, dont toi-même tu as fait choix, que repose aujourd'hui ta destinée ! »

Si donc le directeur général des finances ne pouvait parler de patrie, il faisait plus et mieux, puisqu'il saluait le peuple français comme souverain.

Sincère était ce salut. Moins sincères étaient ces apparences et ces formules de patriotisme qu'en ce beau jour avaient exhibées Louis XVI et son garde des sceaux. Le roi était-il vraiment *patriote ?* Voulait-il réellement fonder la liberté et l'égalité ? Non : il voulait être un bon despote, mais un despote. Il le dit lui-même, en ces termes, dans ce discours du 5 mai :

« Je connais l'autorité et la puissance d'un roi juste au milieu d'un peuple fidèle et attaché aux principes de la monarchie ; ils ont fait l'éclat et la gloire de la France ; je dois en être le soutien, et je le serai constamment.

« Mais tout ce qu'on peut attendre du plus tendre

intérêt au bonheur public, tout ce qu'on peut demander d'un souverain, le premier ami de ses peuples, vous pouvez, vous devez l'espérer de mes sentiments. »

Qu'est devenu ce « Résultat du Conseil du 27 décembre 1788 », œuvre de Necker, programme de révolution pacifique et réglée ?

Il n'en est plus question.

D'ailleurs, en ne fixant pas le mode de vote aux États généraux, on avait, par avance, rendu toute réforme d'ensemble impossible. Au fond, la cour voulait renouveler la comédie de 1614-1615, et berner les États généraux en 1789, comme on les avait bernés sous Louis XIII.

## II

De fait, les États piétinèrent sur place pendant près de deux mois, séparés en trois chambres par la politique royale, et, dans la querelle des trois Ordres, des trois Frances, l'unité de la patrie, entrevue et annoncée, parut indéfiniment ajournée.

Cependant cette idée de l'unité française, mise alors en échec par des pièges ou des attentats, ne fut pas niée, même par les privilégiés. Dans la longue querelle sur le mode des vérifications des pouvoirs, la Noblesse protesta souvent de son amour de la concorde, invoqua souvent l'union qui doit subsister entre les Français. Ce n'est plus l'orgueilleux et égoïste langage de 1614. Lisez le procès-verbal de la Noblesse : vous n'y trouverez nulle part exprimée la prétention de former dans la nation une caste supérieure, dirigeante, maîtresse.

Le mouvement d'unité triompha peu à peu de toutes les contrariétés, de toutes les habiletés, et les trois Frances, au moment où Louis XVI les croyait à jamais séparées, commencèrent à se fondre en une seule France.

Les trois curés du Poitou qui, le 13 juin 1789, donnèrent, en se réunissant au Tiers état, le signal de cette fusion, eurent bien et exprimèrent bien le sentiment qu'ils travaillaient ainsi à la formation de la patrie nouvelle : « Nous venons, dirent-ils, précédés du flambeau de la raison, conduits par l'amour du bien public, nous placer à côté de nos concitoyens, de nos frères. Nous accourons à la voix de la Patrie, qui nous presse d'établir entre les Ordres la concorde et l'harmonie d'où dépend le succès des Etats généraux et le salut de l'Etat. »

Cette patrie nouvelle, une et libre, fut proclamée le 17 juin 1789, quand, interprète de « la volonté générale de la nation », le Tiers état se forma en Assemblée nationale et prit en mains l'exercice de la souveraineté.

Alors le roi, contrairement à l'historique tradition royale, s'allia aux privilégiés contre le Tiers, c'est-à-dire contre la patrie nouvelle. Cette grande volte-face contraria le mouvement pour l'unité et la liberté, le rendit violent, mais ne l'arrêta pas. Qu connaît la résistance de l'Assemblée nationale, le serment du Jeu de Paume (1), 20 juin 1789, la contre-offensive du roi, 23 juin 1789, l'échec de cette contre-offensive. Louis XVI se soumit, reconnut l'Assemblée nationale, à laquelle le Clergé s'était réuni, et ordonna à la Noblesse de s'y réunir aussi. La nation l'emportait, la patrie se fondait. Le 27 juin 1789, quand les deux Ordres privilégiés se réunirent au Tiers, sur l'ordre du roi, le président Bailly s'écria : « Ce jour sera célèbre dans nos fastes : il rend la famille complète... »

Mais les résistances continuèrent.

L'ordre du roi provoqua, dans la Noblesse, de très nombreuses protestations ou, tout au moins, des réserves (2). Ainsi la Noblesse du bailliage de Cotentin dit : « La Constitution française est composée du roi, chef suprême de la nation, et de trois Ordres essentiellement distincts et séparés, égaux, libres, individuels, et naturellement indépendants. La Noblesse du bailliage de Cotentin désire que, dans tous les cas, on maintienne l'union et la concorde entre les Ordres, et qu'ils agissent de concert par la communication de leurs commissaires respectifs, mais elle veut qu'on délibère toujours par Ordre. » Si donc ces nobles con-

---

(1) Il est curieux de constater que le serment du Jeu de Paume ne contient ni le mot de nation, ni le mot de patrie. Ces mots furent, en revanche, employés par Louis XVI, dans son discours à la séance royale du 23 juin 1789 : « J'étais allé... au-devant des vœux de la nation. » « Une parfaite intelligence aurait dû naître du seul amour de la patrie... »

(2) Voir le *Procès-verbal de la Noblesse*, p. 312 à 358.

sentent à une entente, ils se refusent à une fusion, c'est-à-dire qu'ils ne veulent pas de la patrie nouvelle. La Noblesse du bailliage d'Amont rappelle qu'elle a été chargée de protester « contre tous actes et décrets qui donneraient atteinte aux capitulations et privilèges de la Franche-Comté, à la constitution des États de cette province, composés de trois Ordres distincts et séparés... »

Les députés du Clergé et de la Noblesse des États généraux de Béarn avaient protesté contre l'arrêté du 17 juin. Ils avaient dit: « ... La clause de l'arrêté qui déclare illégales toutes les impositions, et qui ne les autorise que provisoirement dans toutes les provinces du royaume, quelle que soit la forme de leur administration, fait penser, ou du moins laisse entrevoir que, quoique le Béarn ne puisse pas être considéré comme une province française, cependant l'espèce de suprématie que le Tiers état s'attribue sur tous les impôts, sans aucune limitation, pourrait s'étendre jusqu'au Béarn, et ébranler en un instant les principes d'une Constitution assise sur les fondements les plus solides, constamment reconnue par tous nos souverains, et garantie par leur serment... (1) ». Ils refusèrent de prendre séance à l'Assemblée nationale, affirmant que le Béarn ne faisait pas partie de la France.

Toute la Noblesse n'obéit donc pas à l'ordre du roi, et des tendances particulières s'opposèrent au mouvement national d'unité.

(1) *Procès-verbal de la Noblesse*, p. 268.

## III

On sait que cet ordre du roi n'avait pas été sincère. Un ministère antipatriote fut formé au commencement de juillet 1789, un coup d'Etat fut préparé, l'insurrection parisienne le déjoua par la prise de la Bastille, le 14 juillet 1789, et par la formation révolutionnaire d'une commune de Paris. Aussitôt cet exemple se répandit dans toute la France, comme par un courant électrique (selon le mot d'alors), et dans cette forme mystérieuse qui s'appela *la grande peur*. Tout le peuple de France, citadins et paysans, se leva, s'arma, se forma en municipalités, et ces éléments de la France nouvelle se groupèrent, animés d'une force centripète.

J'ai parlé de ce phénomène en d'autres écrits, en d'autres leçons. Je me borne ici à le rappeler.

La patrie nouvelle avait été décrétée par les mandataires du peuple à Versailles. Le roi s'étant opposé à ce décret, le peuple le réalisa lui-même, et, par une insurrection vraiment nationale, dans tout le royaume, au même instant, établit la patrie en établissant la liberté, une liberté à forme municipale, en préparant l'égalité, par des attaques contre les signes et les bénéficiaires de la féodalité, en préparant l'unité, par la tendance générale de tous ces comités municipaux improvisés à se fédérer et à se rattacher à la commune de Paris.

Si national, si puissant, si impérieux fut ce mouvement populaire, le plus spontané qu'on eût jamais vu, qu'il brisa et emporta les résistances.

Les décrets rendus dans la fameuse nuit du 4 août furent donc inspirés par le peuple lui-même, par une insurrection victorieuse et organisée.

Ce sont décrets d'émancipation, décrets d'égalité, décrets d'unité.

Insistons sur l'unité, sur l'abdication volontaire des divers particularismes.

Villes et provinces défilèrent à la tribune pour renoncer à leurs privilèges, pour se fondre dans l'unité nouvelle, dans la patrie.

Le constituant Barère, dans son journal *le Point du Jour*, a aussitôt dépeint, avec l'éloquence d'un témoin ému, cette scène où, dit-il, l'amour du bien public devint « contagieux » et où « le patriotisme électrisa toutes les âmes ».

Je ne crois pas que, si on veut faire comprendre cet effort triomphant du patriotisme français, on puisse faire un choix dans les incidents de ce suicide héroïque du particularisme. Il faut tout rappeler, d'après la source la plus sûre et la plus riche.

Voici donc, en entier, le procès-verbal de ce grand épisode de la grande séance (1) :

(1) Ce document, quoique imprimé, souvent lu, plus souvent consulté, n'a jamais été, que je sache, intégralement reproduit.

Les députés des provinces appelées pays d'États, se livrant
à l'impulsion de leur générosité, ou se prévalant de celle de
leurs commettants, exprimée par leurs cahiers, ou enfin la
présumant, et se rendant, en quelque sorte, garants de leur
ratification, ont offert la renonciation aux privilèges de leurs
provinces, pour s'associer au régime nouveau, que la justice
du roi et celle de l'Assemblée préparaient à la France entière.

Les députés du Dauphiné ont ouvert cet avis, en rappelant
ce que leur province avait fait à Vizille sur cet objet, et l'invitation qu'elle avait adressée à tous les autres pays d'États,
de vouloir l'imiter. A l'heure même, les députés des communes de Bretagne, s'approchant du bureau, allaient témoigner leur adhésion, conçue en termes divers, suivant la
nature de leurs mandats, lorsque M. le président de l'Assemblée (1) a réclamé le droit, que sa place paraissait lui
donner, de présenter lui-même le vœu de sa province à la
nation. Il a exposé les motifs de prudence qui avaient engagé quelques sénéchaussées, et notamment celles de Rennes,
de Nantes, Guérande, Vannes, Dol, Fougères, Dinan, Quim-
perlé, Carhaix et Chantelin (2), à lier en partie les mains de
leurs mandataires, jusqu'à ce que le jour du bonheur et de
la sécurité, succédant pour toute la France à des jours d'attente et d'espoir, les autorisât à confondre les droits antiques
et révérés de la Bretagne dans les droits, plus solides encore
et plus sacrés, que les lumières de l'Assemblée assuraient en
ce moment à l'Empire français tout entier.

D'autres députés de Rennes ont fait remarquer combien il
était naturel de présumer et d'attendre cet engagement et ce
sacrifice de la part de leur ville qui, la première de toutes,
avait adhéré aux arrêtés de l'Assemblée nationale, qui, la
première aussi, avait voulu que la loi et l'impôt se détermi-
nassent dans l'Assemblée, afin de ne compromettre aucun

(1) Le Chapelier.
(2) Il faut lire sans doute *Chateaulin*.

droit particulier, mais de les réunir et de les fortifier tous par l'adhésion générale, au moment même où se formerait l'acte destiné à défendre les droits de tous les citoyens.

Un autre député breton a déclaré que, dès ce moment, il adhérait au sacrifice des privilèges de la province, ne se trouvant point lié par son cahier ; il a stipulé seulement, pour la Bretagne, la garantie mutuelle, établie par les clauses du traité de réunion de sa province avec une monarchie dont toutes les parties allaient désormais s'appuyer, se soutenir, se fortifier et se défendre par une fédération dont le cœur du prince lui-même serait le centre, comme l'amour des peuples pour lui en serait le nœud.

Les députés du clergé de Bretagne, gênés par des mandats impératifs, ont témoigné le regret de ne pouvoir renoncer aux droits et franchises de leur province, et déclaré qu'ils allaient informer leurs commettants du sacrifice patriotique fait par d'autres députés, et solliciter de nouveaux pouvoirs.

A peine l'impatience des députés de Provence et de Forcalquier a-t-elle pu laisser achever aux membres qui venaient de parler leur déclaration patriotique, tous les membres des sénéchaussées de cette province se sont avancés au milieu de la salle, et là, ils ont annoncé que, lorsque leurs commettants leur ont prescrit impérativement de ne pas renoncer aux privilèges dont la province jouit depuis sa réunion libre et volontaire à la couronne, ils ne prévoyaient pas sans doute l'heureuse réunion de tous les Ordres ; qu'ils savent que leurs commettants n'ont pas moins de zèle et de patriotisme que les autres Français ; qu'ils ne doutent pas qu'ils ne s'empressent de réunir leurs intérêts à ceux du reste du royaume et de confondre leurs droits dans la Constitution que cette auguste assemblée va donner à toute la France, et qu'ils vont leur rendre compte de cette mémorable séance et les engager à envoyer sur-le-champ leur adhésion.

En ce moment, un membre des communes exprime la renonciation de la ville de Grasse aux privilèges pécuniaires, desquels elle jouit comme propriétaire de fiefs.

Le député d'Arles annonce qu'il forme, depuis plusieurs jours, et qu'il a déjà communiqué à ses commettants le désir de les voir se réunir, sur cet objet, aux députés des provinces.

La principauté d'Orange n'insiste que sur la conservation d'une administration particulière, réclamée par sa situation même au milieu d'une terre réputée étrangère.

A cet instant, les députés de la Bourgogne réclament la parole, mais ils sont interrompus par un député du clergé de Provence. Celui-ci, revenant sur ce qui avait été allégué au sujet des mandats, rappelle ce principe salutaire, qu'ils ne peuvent lier aucune partie de la France sur la part contributoire que chacune des provinces du royaume doit supporter en proportion de ses forces dans l'impôt général, quoiqu'en vertu des cahiers il faille le vœu des commettants pour renoncer aux formes de l'administration, de la répartition et de l'assiette des quote-parts.

Le député noble de Dijon se rend garant du vœu de son bailliage pour la renonciation à ses privilèges, en se réservant d'en prévenir ses commettants (1).

Ceux des communes, autorisés (en cas d'abandon pareil de la part des autres provinces) au sacrifice de leurs privilèges, les déposent entre les mains de l'Assemblée nationale. Ils sont imités par les députés du bailliage d'Autun, par ceux de Chalon-sur-Saône, du Charolais, du Beaujolais, du bailliage de la Montagne (2), de l'Auxerrois, de Bar-sur-Seine. Le député des communes de l'Auxois acquiesce aussi pleinement, y étant autorisé par ses pouvoirs. Celui de la Noblesse est forcé de se référer à des mandats plus étendus que ceux dont il est porteur ; et les communes du Mâconnais, en renonçant, sous les mêmes conditions que celle de Dijon, se réservent, comme elles l'ont eu de tout temps, le droit de former une province particulière, administrée par leurs

(1) Ils ont adhéré depuis. (*Note de l'original.*)
(2) A Châtillon-sur-Seine.

États, auxquels l'Assemblée donnera une meilleure organisation et une plus juste représentation.

Les députés de la Bresse, du Bugey et de la principauté de Dombes acquiescent pleinement au vœu de la Bourgogne, sauf la réclamation insérée aux cahiers, sur l'échange de cette dernière principauté.

Les privilèges de la ville de Saint-Jean-de-Losne, déjà remis à l'Assemblée nationale, dans une de ses séances précédentes, sont de nouveau sacrifiés à l'intérêt général du royaume.

Au moment même, un député du Languedoc, appuyé de l'acclamation de tous ses compatriotes, déclare que l'ordre de leurs commettants leur prescrit, de la manière la plus impérative, une obligation dont il ne leur est pas permis de s'écarter : la province du Languedoc, régie depuis longtemps par une administration inconstitutionnelle et non représentative, a condamné cette administration, comme contraire à ses anciens privilèges, dont le plus précieux était d'octroyer librement l'impôt, et de le répartir elle-même. Elle demande l'établissement des États dans une forme libre, élective et représentative, et des administrations diocésaines et municipales, organisées dans le même esprit.

Tel est le vœu général, telle est la volonté de la province du Languedoc. Elle a lié l'octroi et la répartition de l'impôt à la suppression de l'administration actuelle et à l'établissement de nouveaux États.

Et, quoique leur mandat ne les autorise pas à renoncer aux privilèges particuliers de la province, assurés néanmoins des vœux de leurs commettants, et pleins de la confiance que doit leur inspirer l'exemple des autres provinces, ils s'empressent de déclarer à l'Assemblée nationale que, dans tous les temps, leurs commettants se conformeront à ses décrets et souscriront aux établissements généraux que leur sagesse leur inspirera pour l'administration des provinces, s'estimant heureux de se lier par ces sacrifices à la prospérité générale de l'Empire ; bien entendu que toutes les villes, corps et États provinciaux renonceront à leurs privilèges particuliers, et que le sacrifice du Languedoc n'aura lieu qu'autant que les efforts de l'Assemblée obtiendront, en effet, pour la nation une Constitution, à défaut de laquelle la justice et la raison revendiqueraient pour lui des droits consacrés par les siècles, appuyés sur les lois, et fortifiés de toutes les sanctions que les institutions humaines peuvent recevoir. Les évêques de la province, imitant l'exemple que venaient de leur donner ceux de la Bourgogne, déposent dans les mains de la nation les droits, fondés sur une possession immémoriale, dont jouit le corps des évêques du Languedoc, ne se regardant plus en ce moment, ni comme évêques, ni comme seigneurs temporels de leurs évêchés, mais comme Français, et appelés à défendre le faible, le pauvre et l'infortuné, et à garantir ceux de cette classe du poids de l'impôt, qui ne peut retomber justement sur eux.

Trois barons du Languedoc, membres de sa députation, et un quatrième, qui ne siégeait que comme représentant de la vicomté de Paris, se réunissent pour réclamer l'honneur de sacrifier de nouveau aux représentants de la nation leur prérogative de baron, à laquelle ils ont déjà renoncé dans les assemblées particulières du Languedoc.

La province de Foix, les communes du Béarn et de la sénéchaussée des Lannes (1) et le député du pays de Soule regrettent de ne pouvoir annoncer que leur vœu personnel et l'espoir qu'ils conçoivent de voir incessamment arriver la ratification de leurs commettants, dont les députés de Roussillon, ceux de Bigorre et ceux du duché d'Albret (clergé et commune) peuvent se passer, comme déjà autorisés au sacrifice de tout ce qui peut intéresser l'utilité générale du royaume.

Les députés de la commune de Paris présentent aussi à l'Assemblée l'offre, autorisée par leur mandat, de la renonciation la plus expresse aux immunités pécuniaires dont

(1) La sénéchaussée des Lannes (Landes), à Dax.

jouissent les habitants de la capitale, et même à la compétence exclusive du prévôt de Paris, et au privilège du sceau du Châtelet, en cas de suppression des privilèges de même nature existant dans le royaume.

Ceux de la prévôté et vicomté adhèrent à leur déclaration, autant qu'elle les touche.

Les députés de Lyon rappellent et renouvellent les déclarations pareilles par eux déjà faites dans la séance tenue à l'église de Saint-Louis.

Les députés d'Agen, chargés d'attaquer les privilèges pécuniaires de Bordeaux, sont appuyés par le député de Bordeaux même, qui stipule la renonciation aux droits et immunités pécuniaires de cette ville, quoique consacrés par le temps et par les monuments les plus incontestables, réservant les autres droits de cité, dont leurs cahiers ne leur permettent pas, jusqu'ici, de se départir.

La même réserve est apposée en faveur des privilèges de la ville de Marseille, dont le clergé se soumet à l'égalité de contribution, n'ayant encore de pouvoirs que sur cet article. Celui de Tulle exprime le sacrifice de ses privilèges pécuniaires, de son casuel, du droit de ses fiefs, banalités et autres.

Tous les députés de Lorraine protestent, en termes touchants que leur province, réunie la dernière, ne regrettera jamais la domination de ces souverains adorés, qui firent le bonheur de leur peuple, et s'en montrèrent les pères, s'ils sont assez heureux pour pouvoir, au sein de la régénération et de la prospérité publique, se livrer à leurs frères, et entrer avec le surplus des citoyens dans cette maison maternelle de la France, prête à refleurir sous l'influence de la justice, de la paix et de l'affection cordiale de tous les membres de cette immense et glorieuse famille. Ils attendent avec confiance que leurs commettants sanctionneront et ratifieront un hommage dont le motif est dans tous les cœurs, et dont l'expression est commandée par l'exemple universel.

Les députés de Strasbourg se soumettent, pour leurs commettants, à l'égalité entière de répartition des impôts, sous la seule réserve de l'administration et des privilèges de leur ville, à laquelle ils se réfèrent sur ces objets, consignés dans ses capitulations, et relatifs, en grande partie, à sa situation si importante et si précieuse au royaume.

Le même zèle inspire les mêmes déclarations aux députés de la Normandie, du Poitou, de l'Auvergne, du Clermontois, de la vicomté de Turenne, de la principauté de Mohon, de la noblesse de Châlons-sur-Marne, de celle de Dourdan, de Sedan, sous la réserve que fait celle-ci des privilèges de sa ville, dont le commerce et l'existence même au pied des Ardennes, dans un sol stérile, tient uniquement à ses exemptions (les députés des communes de Sedan adhèrent à cette réserve). Les représentants des villes d'Amiens, d'Abbeville, de Péronne, de Soissons, de Reims, de Verdun (sauf la ratification du clergé de ce pays), de Saar-Louis, de Bar-le-Duc, de Rethel, de Vitry, de Château-Thierry, de Saint-Didier, de Châlons, de Langres, de Clermont-en-Auvergne, de Villeneuve-de-Berg, et de la Voulte-en-Vivarais, de Bourges, d'Issoudun, du Mans, de Poitiers, de Cahors, de Bergerac, de Sarlat, d'Étampes se joignent aux autres députés.

Celui d'Aval, en Franche-Comté, réserve le droit des États de sa province de stipuler seuls l'exemption de la gabelle, des aides, du papier timbré, et de toute distraction de ressort.

Celui d'Amont exprime le même vœu et le même regret d'être forcé de demander acte de sa résistance à celui de la pluralité même ; mais, d'après d'autres articles de son mandat, il présente, comme ceux de Dol, l'espoir de voir sa province s'empresser d'accéder au vœu national, dont ils allaient lui faire part.

Tous les députés d'Artois imitent la générosité des autres provinces, en abandonnant, sous la réserve de la ratification de leurs commettants, le régime particulier des États, assuré par les capitulations faites avec Louis XIV.

Trois gentilshommes présents expriment personnellement

leur renonciation à cette forme d'États, qui a rendu l'admi·
nistration du pays en quelque sorte héréditaire, et propre à
un petit nombre de familles nobles de l'Artois. L'un d'eux
s'applaudit d'avoir pu prévenir l'instant actuel, en renonçant,
dans le sein même des États de la province, à cette antique
prérogative attachée à ses domaines. Les députés du Boulonnais adhèrent à la déclaration de l'Artois, et sont imités
par ceux de Calais et d'Ardres.

Les gouvernances de Lille, Douai et Orchies renoncent éga·
lement au privilège d'avoir leurs États, et demandent une
administration provinciale à l'Assemblée. Les députés de la
Flandre maritime déclarent aussi renoncer à la forme de
leur administration actuelle, en exprimant le même vœu. Le
député du Cambrésis annonce que les trois ordres de sa
province, soumis dans tous les temps à une contribution aux
impôts, entièrement égale entre eux, ne peuvent qu'acquiescer
de nouveau aux vues de justice de l'Assemblée. Cet hommage
est renouvelé par un député présent, au nom de M. le duc
d'Orléans, baron de Comines, et par M. le comte d'Egmont,
baron de Vaurins. M. l'évêque de Coutances fait aussi en son
nom le sacrifice du droit de déport, réservant à ses archi·
diacres l'exercice du leur, tant qu'ils ne l'auront pas abandonné.

Alors, le nom du roi ayant été répété de toutes parts avec
mille bénédictions, un député de Paris a saisi ce moment
pour engager l'Assemblée nationale, à l'imitation de celle
qui avait donné à Louis XII le titre de *Père du Peuple*, à pro·
clamer Louis XVI le Restaurateur de la liberté française, et
à mettre cette exergue sur la médaille votée par acclamation
à l'Assemblée.

Dans la séance du lendemain 5 août 1789, d'autres
adhésions se produisirent. Le *Procès-verbal* les relate
ainsi (1) :

(1) Les originaux de ces adhésions se trouvent aux Archives

MM. les députés du Clergé et de la Noblesse d'Alsace ont dit, par l'organe de M. le prince de Broglie, « que, s'étant trouvés hier en trop petit nombre à l'Assemblée pour se permettre de prendre une résolution définitive, et s'étant réunis ce matin, ils déclaraient adhérer à ce qui a été décidé hier par la pluralité des provinces ; qu'ils se faisaient honneur à adopter les sentiments patriotiques dont plusieurs avaient eu l'avantage d'énoncer le vœu les premiers, et qu'ils allaient rendre compte à leurs commettants de l'engagement qu'ils prenaient pour eux, et sous leur ratification ». Il a été donné acte à MM. les députés du clergé et de la noblesse d'Alsace de leur déclaration, qu'ils ont remise, signée d'eux, sur le bureau.

MM. les députés des communes et des villes impériales d'Alsace, par l'organe de MM. Reubell et Bernard, ont fait la même déclaration pour leurs commettants respectifs.

MM. les députés de la Noblesse de Touraine ont remis sur le bureau une déclaration signée d'eux, portant que, « quoiqu'ils eussent adhéré avec empressement aux abandons et sacrifices qu'a exigés l'extinction du régime féodal, consenti par tous les représentants de la Noblesse des autres provinces, ces abandons et sacrifices, excédant leurs pouvoirs, ils ne les ont pu ni dû faire que sous la réserve de l'adhésion que leurs commettants s'empresseront sûrement de donner et qu'ils notifieront avec la plus grande satisfaction à l'Assemblée nationale, dès qu'ils l'auront reçue ».

M. l'abbé Saurine, député du clergé de Béarn, a aussi déposé sur le bureau une déclaration signée de lui, portant « qu'ayant des pouvoirs illimités de ses commettants pour concourir au plus grand bien général, il adhère, en leur nom, à tous les arrêtés et délibérations pris jusqu'à ce jour

nationales, cartons C 30, dossiers 250 et 251. J'ai pu m'assurer que le Procès-verbal les fait connaître d'une manière très exacte et complète.

par l'Assemblée nationale, et à tous les arrêtés et délibérations qu'elle prendra à l'avenir, ses commettants étant disposés à faire en conséquence tous les sacrifices, et n'ayant rien de plus à cœur que de manifester, en toute occasion, le patriotisme le plus pur et le plus étendu ».

M. le marquis de Clermont-Mont-Saint-Jean, député du bailliage de Belley-en-Bugey, a déclaré, au nom de ses commettants, par un écrit qu'il a signé et déposé sur le bureau, « que, s'étant trouvé absent de la séance du 4 au 5, il se réunit aux députés des deux autres ordres de ce bailliage pour tous les abandons et sacrifices qu'ils ont faits pour le bien public ».

M. le vicomte de Broves, et M. le comte de Juigné, députés de la Noblesse de la sénéchaussée de Draguignan, en adhérant à tout ce qui a été arrêté dans la soirée d'hier au soir 4 de ce mois, ont déclaré que, par la nature de leur mandat, n'ayant pu donner sur beaucoup d'articles que leur vœu personnel, ils réservent expressément à cet effet l'adhésion particulière de leurs commettants et croient pouvoir assurer d'avance qu'ils ne le céderont point en générosité aux gentilshommes les plus patriotes du royaume ; ils ont demandé que cette déclaration, signée d'eux, fût insérée dans le procès-verbal de cette séance.

Toutes ces renonciations aboutirent, malgré les réserves qui s'y mêlaient, à l'article 10 du grand décret des 4, 6, 7, 8 et 11 août 1789, qui établit en ces termes l'unité nationale : « Une Constitution nationale et la liberté publique étant plus avantageuses aux provinces que les privilèges dont quelques-unes jouissaient et dont le sacrifice est nécessaire à l'union intime de toutes les parties de l'Empire, il est déclaré que tous les privilèges particuliers des provinces, principautés, pays, cantons, villes et communautés et habitants, soit pécuniaires, soit de toute autre nature, sont abolis sans retour et demeureront confondus dans le droit commun de tous les Français. »

C'est là comme la première charte de la patrie nouvelle, de la patrie une.

On a vu que quelques députés n'avaient renoncé aux privilèges de leur province ou de leur ville qu'avec la réserve de l'approbation de leurs commettants.

Ainsi firent, entre autres, les députés de la ville et pays d'Arles.

Ils en référèrent à leurs commettants, et, le 13 août 1789, les habitants d'Arles tinrent une assemblée, où ils votèrent cette résolution :

« L'Assemblée, considérant que les droits les plus sacrés de propriété ont, en divers temps, été ravis à la cité par le despotisme ministériel ou l'avarice des traitants, que les réclamations les plus légitimes n'ont abouti qu'à des conventions et à des abaissements lésifs et tendant à dénaturer le vrai caractère de ces droits immuables, a unanimement délibérer de donner pouvoir aux députés de la ville de faire abandon et renonciation de tout ce qui peut être réputé simplement privilège appartenant à la ville, sans entendre porter la moindre atteinte aux droits de propriété dont elle jouit actuellement et sauf la réclamation de ceux qui lui ont été ravis. »

Les députés de la ville d'Arles firent part de cette résolution à l'Assemblée nationale, le 15 septembre 1789, dans une déclaration portant « qu'autant que la renonciation des autres villes et provinces aura son effet et que tous les sujets de la France consentiront à être régis par des lois uniformes en renonçant à leurs privilèges, la ville et pays d'Arles, dont les titres sont clairs et incontestables, ne cherchera point à revenir sur l'abandon qu'elle a fait des siens par la délibération de son Assemblée tenue le 13 août dernier, dont la teneur suit... »

Y eut-il d'autres exemples d'un tel referendum ? Ce serait aux historiens locaux à nous le dire. En tout cas, je ne connais aucun exemple de désapprobation, de désaveu. S'il y en eut, ils passèrent inaperçus dans l'enthousiasme unitaire.

Je vois que la municipalité de Perpignan et la noblesse de Perpignan firent quelques tentatives, timides et obliques, pour s'opposer aux décrets du 4 août, en tant qu'ils détruisaient les privilèges de la province. Pour déjouer cette intrigue des citoyens de Perpignan se formèrent (19 novembre 1789) en « assemblée patriotique », et nommèrent un « Comité patriotique » de huit personnes, chargé de la propagande et de la correspondance. Ils firent une adresse à l'Assemblée nationale pour adhérer à ses décrets, déclarer qu'ils ne prétendaient nullement à ce que le Roussillon formât un département séparé, suppliant au contraire l'Assemblée de rendre celui dans lequel ils seraient compris « aussi considérable que celui des autres » (1). Le jour même de sa fonda-

_______

(1) *Adresse de la Société patriotique de la ville de Perpignan*

tion (19 novembre), l'Assemblée patriotique de Perpignan avait adressé aux municipalités voisines une circulaire où était annoncé le dessein de former, « avec les diverses villes et cantons de la province, un corps fédératif, un point central, afin d'empêcher les corps jadis privilégiés d'avoir une trop grande influence dans les élections... (1) »

Le peuple français adhéra dans sa masse aux décrets du 4 août, en tant qu'ils supprimaient le particularisme. Cette adhésion était certaine, puisque c'est le peuple lui-même qui avait, par une insurrection patriotique, dicté ces décrets.

## IV

De la sorte, à la suite d'un grand et spontané mouvement national, se trouvait donc décrétée, tout

à *l'Assemblée nationale.* Paris, s. d., in-8 (Bibl. nat., Lb ³⁹/2877), et *Procès-verbal de l'Assemblée nationale,* séance du 26 janvier 1790.

(1) Ces faits sont extraits de l'écrit anonyme intitulé : *Réflexions d'un citoyen, concernant la lettre circulaire de la Société patriotique de Perpignan.* S. l. n. d., in-4 de 23 pages. — Bibl. nat., Lb ³⁹/2878. — L'auteur adore religieusement la patrie. Il gémit de voir « l'encensoir du patriotisme renversé devant l'autel de la patrie ». Il s'écrie : « Citoyens amis de la liberté et de l'égalité, allez vers la Patrie ; essuyez ses larmes ; couvrez-la de vos boucliers ; qu'elle soit au milieu de vous comme dans la triple enceinte d'une forteresse inexpugnable ; présentez la pointe de vos dards à tous ses ennemis, afin qu'ils s'éloignent d'elle, redoutant votre force et votre courage. »

d'un coup, cette unité de la patrie à laquelle, depuis des siècles, avait tendu la monarchie, sans pouvoir y atteindre.

Il restait à réaliser cette unité, au physique et au moral, à la réaliser autrement qu'en paroles et sur le papier, à la faire passer dans les faits.

A la bigarrure incohérente des anciennes provinces, l'Assemblée nationale substitua les départements, unités territoriales simples et à peu près égales en étendue, dont la formation respecta tout ce qui parut respectable dans la nature et dans l'histoire, mais fit table rase d'un passé chaotique. Ces unités régionales, éléments d'un seul et même royaume un et indivisible, constituèrent, par leur groupement serré, l'unité nationale, la nouvelle patrie une. Si on considère la Révolution française comme unitaire, c'est-à-dire comme ayant pour but la fusion des petites patries françaises en une grande patrie française, on peut dire que l'établissement des départements fut l'œuvre révolutionnaire par excellence, ou, ce qui revient au même, l'œuvre patriotique par excellence (1). Cet établissement devrait tenir une grande place dans une histoire complète de la patrie française et du patriotisme français (2).

----

(1) Cela ne veut pas dire que, maintenant que l'unité est cimentée, l'œuvre de la Constituante soit intangible, et qu'on ne puisse songer à organiser la France en plus grandes régions, par des groupements de département.

(2) Sur l'établissement des départements, voir mes *Etudes et Leçons*, 7ᵉ série.

Ce fut là l'unité administrative et aussi l'unité politique, judiciaire, ecclésiastique, militaire, financière : œuvre intelligente et artificielle, inspirée par le peuple, mais non dictée par lui.

L'unification morale fut l'œuvre spontanée et directe du peuple.

C'est la continuation, la conséquence de ce mouvement de liberté qui, à la suite de la grande peur, et en forme de révolution municipale, émancipa la nation, en juillet et en août 1789 et dont nous avons rappelé les traits essentiels (1).

A l'imitation de Paris, on s'était levé contre le despotisme, on s'était organisé en gardes nationales et en comités municipaux ; les individus de chaque paroisse, ville, bourg ou communauté s'étaient groupés pour s'administrer et se défendre. Dès lors, ces groupements eurent tendance à s'associer (2), non seulement par sentiment de fraternité (3), mais pour se mieux protéger contre leurs ennemis, les aristocrates, les privilégiés, les défenseurs de l'ancien régime. L'idée

(1) Voir p. 119.

(2) Ainsi, c'est pendant la grande peur même que, dans le Rouergue, ces toutes premières fédérations s'ébauchèrent. M. de Bonald, maire de Millau, nous l'apprend en ces termes dans son discours du 8 août 1789 : « Lors des terreurs qui ont affligé ces contrées, elle (la ville de Millau) a vu avec autant d'intérêt que de sensibilité les différentes communautés s'unir pour le salut commun... » Voir plus loin, p. 137.

(3) Le mot de *solidarité* n'était pas encore employé. Mais c'est bien la solidarité, telle que nous l'entendons, qu'avait définie le Comité des subsistances de l'Assemblée nationale, dans le début de son projet (22 août 1789) sur la libre circu-

de la solidarité nationale ne s'exprime pas seulement sous ce nom de fraternité : elle se réalise.

C'est le mouvement des fédérations (1).

lation des grains et farines, en vue de faire secourir les provinces dénuées par les provinces les mieux fournies : « L'Assemblée nationale, considérant que l'Etat n'est pas composé de différentes sociétés étrangères l'une à l'autre, et moins encore ennemies ; que tous les Français doivent se regarder comme de véritables frères, toujours disposés à se donner actuellement toute espèce de secours réciproques...» (Procès-verbal de l'Assemblée constituante, séance du 22 août 1789, p. 8).

(1) Michelet en a tracé un tableau très beau, et admirablement vrai dans l'ensemble.

# CHAPITE VI

## La patrie et les fédérations

I. Caractères généraux des fédérations. — II. Premiéres fédérations : Rouergne, Dauphiné, Vivarais. Fédération de Valence. Grande fédération de Lyon. — III. Fédérations de
Franche-Comté.


J'ai déjà dit que ces comités municipaux, improvisés par le peuple, avaient, dès le début, une tendance à se rattacher à la commune de Paris. Ce n'était
encore qu'une tendance. On regardait vers Paris,
mais c'est avec ses voisins immédiats qu'on s'associa
d'abord.

Ainsi, dès le 8 août 1789, dans le Rouergue, à Millau
(ancienne ville protestante), une assemblée de la
municipalité et de la commission extraordinaire prit,
de concert avec tous les habitants, une délibération
qui tendait, non seulement à assurer la paix publique,
la perception des deniers royaux, l'exécution des lois,
l'obéissance aux tribunaux existants, mais à former
« au nom.de la patrie », une confédération. Le maire
de Millau était M. de Bonald, le célèbre écrivain théo-
cratique : c'est lui qui prit l'initiative de ce geste,
disant qu'il s'agissait d'une « confédération d'honneur,

de vertu, de respect pour les lois ». On déclara « que tout excès, toute violation de l'ordre public est un attentat contre la société dont on est membre, un crime de lèse-patrie, qu'il tend à précipiter dans les horreurs de l'anarchie et de la discorde » (1). On sent qu'en provoquant ces groupements, de Bonald agissait plutôt en conservateur de l'ancien régime, en ami de l'ordre existant ; on sent qu'il voulait peut-être faire dévier le mouvement de fédération déjà commencé, et le tourner contre la Révolution même. Il fit cependant, qu'il le voulût ou non, œuvre révolutionnaire, par le fait même qu'il provoqua une fédération régionale, et qu'il la provoqua au nom de la patrie.

Comme on le verra, cette fédération, toute régionale, ne fut pas tout à fait la première en date, mais je crois que c'est la première qui ait été connue. En effet, les gens de Millau eurent l'idée d'envoyer leur délibération à l'Assemblée nationale, qui en entendit lecture dans sa séance du 21 août, en ordonna l'impression, en félicita les auteurs. Cette fédération de Millau, malgré les arrière-pensées conservatrices de son initiateur, donna un exemple révolutionnaire à d'autres communes, au moins, comme nous le verrons, au Comité de Vesoul (2).

(1) On trouvera le discours de Bonald et la délibération à la suite du procès-verbal de la séance de l'Assemblée nationale du 21 août 1789.

(2) Cet exemple fut le seul invoqué nommément par le Comité de Vesoul, mais non pas comme unique : « Plusieurs

Remarquons tout de suite que ces fédérations régionales n'étaient point une nouveauté dans l'histoire de France. Le geste des habitants de Millau, s'associant avec les gens de Villefranche, avec les gens de Rodez, avait un antécédent illustre dans le mouvement communaliste des xii° et xiii° siècles. Ces fédérations de communes, au Moyen Age, se formaient parfois en groupements de petites ou moyennes communes autour d'une commune plus forte. Ainsi « toutes les villes du Bordelais modelèrent, à différentes époques, leur constitution sur celle de la capitale, et la plupart d'entre elles s'intitulèrent *Alliées et filleules de Bordeaux* » (1).

Dans les campagnes, A. Luchaire signale, au xii° siècle, « l'association assermentée de tous les membres d'un même village, et, en outre, la confédération ou la coalition permanente entre un certain nombre de communautés rustiques ». Groupements inégaux : tantôt, c'est l'association de trois ou quatre éléments ; tantôt, ce sont une quinzaine de localités réunies sous l'hégémonie d'un village plus peuplé, ou même d'un bourg. Ces communautés rurales, ces villages se fédèrent, parce qu'isolées, elles n'au-

villes de France, notamment celle de Millau en Rouergue, dit ce comité, se sont fait un devoir de resserrer les liens du patriotisme entre toutes les communautés de leurs provinces », Maurice Lambert, *Les fédérations en Franche-Comté*, (Paris. 1890, in-8° p. 13).

(1) Augustin Thierry, *Monuments inédits de l'histoire du Tiers état*, t. II, préface, p. xi.

raient pas été assez fortes pour en imposer au seigneur.

Luchaire emprunte des exemples au Ponthieu, au Laonnois, surtout au Laonnois.

Dans le Laonnois, il n'y eut pas seulement la commune de Laon ; il y eut la « commune du Laonnois », sorte de commune collective, spontanément formée de l'ensemble des villages compris dans les domaines ruraux de l'évêque de Laon. Ce phénomène fut surtout visible en 1174, lors de l'abdication de l'évêque de Laon, Gautier II de Mortagne. Jusqu'à l'élection de son successeur, son domaine tombait aux mains du roi. Aussitôt les paysans formèrent une confédération et obtinrent du roi de France, Louis VII, une charte communale. Le nouvel évêque, Roger de Rozoi, après avoir en vain demandé au roi la suppression de cette commune, voulut la détruire, et, dans cette vue, provoqua la formation d'une armée féodale. A l'encontre, le roi provoqua la formation d'une armée communaliste. Bataille, 14 mars 1177 : les paysans furent vaincus ; la commune du Laonnois cessa en fait d'exister. Le pape Alexandre III fit juger l'évêque, comme coupable d'avoir répandu le sang de ses sujets : légère condamnation, réconciliation du roi et de l'évêque sur le dos des paysans. Philippe-Auguste, après avoir rétabli en droit la commune du Laonnois, finit par la casser, en 1190, au moment où il préparait la troisième croisade (1).

(1) A. Luchaire, *Les communes de France à l'époque des Capétiens directs*, nouvelle éd., Paris, 1911, in-8° ; p. 77 à 91.

On peut presque dire que le mouvement communaliste et fédéraliste de 1789 et 1790 ne fut que la reprise
ou le recommencement du mouvement analogue qui
s'était produit au Moyen Age, avec la même sponta-
néité, parfois dans les mêmes formes, plus souvent
dans des formes différentes, avec le même but immé-
diat : se protéger contre un danger commun, à savoir
contre le seigneur au Moyen Age, contre l'ensemble
du régime féodal et despotique en 1789 et en 1790.
La grande différence, c'est qu'au Moyen Age on ne
songeait pas encore à fédérer les communes en une
grande patrie française ; la vue se bornait à des patries
régionales. En 1789 et en 1790, le mouvement des fédérations régionales n'est que le commencement de la
fédération nationale, et, par l'unité de la région, c'est
l'unité de la France que ces patriotes réalisent. Autre
différence : à la fin du xiie siècle, on a vu le roi de
France à la tête d'une armée communaliste contre une
armée féodale. On ne verra plus ce spectacle à l'époque
de la Révolution française : le pouvoir royal, oubliant
son rôle historique, qui était de protéger les communes, contrarie maintenant, en s'alliant avec les
privilégiés, le mouvement communaliste et unitaire,
c'est-à-dire qu'il combat sa propre politique tradition-
nelle, sa raison d'être. La nation, devenue consciente
de sa force, tuera son guide héréditaire, pour s'être
tourné contre elle. La patrie, après des vicissitudes et
des contrariétés, se formera sans le roi, contre le roi,
en république.

## II

Une esquisse de l'histoire du mouvement des fédérations en 1789, au point de vue de l'histoire du patriotisme, ne peut pas revêtir une forme strictement chronologique, vu que le mouvement eut lieu à la fois dans diverses provinces.

Si nous avons cité d'abord l'exemple de la ville de Millau se fédérant, dès le 8 août 1789, avec les villes de Villefranche et de Rodez, c'est que cet exemple fut le premier qui reçut une grande notoriété par l'approbation de l'Assemblée nationale.

Les fédérations dauphinoises furent remarquées et importantes.

Dans ce Dauphiné, d'où la Révolution française semblait avoir pris son essor, éclata alors un patriotisme armé pour la défense et pour l'attaque, et c'est par leurs gardes nationales que les communes dauphinoises se fédérèrent.

Le 26 octobre 1789, les habitants de la communauté de Laragne (aujourd'hui département des Hautes-Alpes), se réunirent pour former, non pas précisément une fédération, mais un projet de fédération, qui ne fut réalisé que le 5 avril 1790 (1).

---

(1) Sur cette fédération de Laragne, voir dans la revue *la Révolution française*, t. XLIV, p. 256, l'article de M. P. Conard. Si nous ne connaissons pas de fédération dauphinoise en août et en septembre 1789, cela ne prouve pas qu'il ne s'en soit pas produit dès lors. Il est fort possible que des re-

Très vite les associations fédératives débordent le cadre d'une région, le cadre d'une province, et, dès la fin de l'année 1789, il y a des fédérations interrégionales, interprovinciales, de manière à unir entre elles, non pas seulement les communes d'une province, mais aussi, et en même temps, plusieurs provinces du royaume (1).

Ainsi, en novembre 1789, dans le Vivarais, à La Voulte, les gardes nationaux convoquèrent amicalement des gardes nationaux de diverses villes dauphinoises voisines (2), et leur colonel, Ducluseau de Chabreuil, leur proposa de former une fédération, qui n'unirait pas seulement les citoyens du Vivarais et du Dauphiné, mais qui, des deux rives du Rhône, s'étendrait, de proche en proche, à toute la France : « Nous vous offrons, dit-il, à vous tous, gardes nationales, nos concitoyens, nos frères librement voués à la dé-

cherches aux archives locales montrent que ce mouvement des fédérations débuta en Dauphiné (comme en Franche-Comté, ainsi qu'on le verra) au lendemain même de la *grande peur*.

(1) On trouvera une liste chronologique des fédérations dauphinoises dans Gustave Vallier, *Essai sur les fédérations martiales en Dauphiné*, Marseille, 1869, in-8° de 28 pages. — Bibl. nat., Lk²/2406.

(2) Les gardes nationaux de La Voulte crurent qu'ils étaient les premiers à faire une fédération. Leur représentant à la fédération de Lyon (30 mai 1790) dira : « Messieurs, ma patrie, je m'empresse de le dire, se flatte d'une heureuse prérogative : c'est elle, oui, c'est elle la première qui a fait éclore ce germe profond des fédérations. » *Confédération de Lyon*, Bibl. nat., Lb³⁹/8894, in-8.

fense de la patrie restaurée, le serment de vous secourir dans vos dangers, de correspondre sans interrup-
tion avec vous, de vous rester unis par une fidélité
sacrée, de vous regarder comme membres du même
corps, pour la défense duquel nous avons juré de sacrifier notre vie, et nous vous demandons en retour
de vous lier avec nous par le même engagement, de
l'étendre chez vos voisins, de le communiquer, de
proche en proche, jusqu'aux confins de l'Empire, afin
que, d'un bout à l'autre de la France, l'amitié fraternelle, la surveillance et l'appui mutuel nous deviennent pour toujours les gages sûrs du bonheur et
de la liberté. »

Ce patriotisme de l'orateur, au nom des citoyens du
Vivarais invoque le roi, qu'il croit fidèle à son rôle de
défenseur des communes, de promoteur de l'unité
française : « Adressons notre tribut d'amour à
Louis XVI, restaurateur de la liberté, que ce titre
vient d'élever au-dessus des conquérants, au-dessus
des despotes superbes... »

Dans sa réponse, l'orateur des gardes nationales
dauphinoises, Faujas de Saint-Fond, considéra la suppression des provinces, l'établissement des départements comme un fait acquis, quoiqu'à ce moment-
là il n'y eût encore que des projets ou des votes de
principe : « La nouvelle division du royaume en départements, dit-il, fait disparaître ces limites féodales
qui semblaient annoncer autant de peuples différents
que de provinces ; elle a pour but de procurer à tous
les mêmes lois, le même ordre de choses, les mêmes

mœurs, et de nous réunir à jamais par le même amour de la patrie. Nous ne sommes plus des Dauphinois, vous n'êtes plus des Languedociens : nous sommes des Français libres, citoyens et soldats. »

En conséquence, les délégués des gardes nationales de vingt villes, bourgs, villages et communantés du Vivarais et du Dauphiné se réunirent en fédération, le 29 novembre 1789, dans une plaine près de la ville d'Etoile, non loin de Valence, y firent « acte d'union », et y prêtèrent un serment dont voici le début et l'essentiel : « Nous citoyens français de l'une et l'autre rive du Rhône, depuis Valence jusqu'à Pouzin, réunis fraternellement pour le bien de la cause commune, jurons à la face du ciel, sur nos cœurs et sur ces armes consacrées à la défense de l'Etat, de rester à jamais unis, abjurant désormais toute distinction de province, offrant nos bras, notre fortune et notre vie à la patrie et au soutien des lois émanées de l'Assemblée nationale ; jurons d'être fidèles au monarque qui a tant de titres à notre amour ; jurons de nous donner mutuellement toute assistance pour remplir des devoirs aussi sacrés et de voler au secours de nos frères de Paris ou de toute autre ville de France qui seraient en danger pour la cause de la liberté. » Le serment se termine par une promesse d'assistance mutuelle pour les approvisionnements et par l'engagement de « livrer aux lois » quiconque manquerait de respect « au plus juste, au plus populaire et au plus adoré des rois », ou aux décrets de l'Assemblée nationale, ou qui n'aurait pas « les égards dus aux nobles fonctions des gardes nationales ».

L'Assemblée nomma un « Comité militaire », composé de trois citoyens du Vivarais et de six du Dauphiné. Ce Comité organiserait « une correspondance régulière et suivie entre tous les corps de la fédération patriotique ».

Puis il fut décidé qu'une autre assemblée fédérative aurait lieu le 20 décembre suivant, non plus en Dauphiné, mais en Vivarais, à La Voulte.

Enfin, comme par un hommage à Paris capitale, il fut arrêté que copie du procès-verbal serait adressée à l'Assemblée nationale, aux députés du Vivarais et du Dauphiné, à M. le maire de Paris, à M. le marquis de La Fayette, avec prière d'en faire part à la municipalité et à la garde nationale de cette ville » (1).

Nous ne savons si, le 20 décembre 1789, une nouvelle fédération eut réellement lieu à La Voulte (2), comme c'avait été décidé. Il est plus probable que cette fédération se fondit dans celle qui eut lieu, ce jour-là, à Tournon, et où participèrent les gardes nationales de 86 paroisses du Dauphiné et du Vivarais. Là aussi, ce furent des discours et un serment. Gillier, « colonel-général de la ville et banlieue de Romans », y proclama, en ces termes précis, la patrie nouvelle :

(1) Ce procès-verbal de la fédération d'Étoile, que nous avons suivi pour tout ce récit, a été imprimé sous ce titre : *Acte d'union des gardes nationales entre vingt villes, bourgs, villages et communautés du Vivarais et du Dauphiné, 29 novembre 1789.* — Bibl. nat., Lb³⁹/2605, in-8°.

(2) Cependant M. Gustave Vallier, *Essai sur les Fédérations,* assure qu'elle eut lieu. Mais il ne mentionne pas la fédération de Tournon.

« Messieurs et concitoyens, nous n'avons plus qu'une commune patrie, et le nom de concitoyen convient désormais à tous les Français qui habitent ce grand royaume... » Il formula ensuite des principes qui étaient ceux de l'Assemblée nationale. Les confédérés les approuvèrent, jurant, « sur la foi et l'honneur, l'amour de la patrie, du roi et de la liberté, et de les observer fidèlement ». Puis, à l'exemple des fédérés d'Étoile, ils nommèrent « dix commissaires pour former un Conseil qui établira une correspondance régulière entre toutes les milices confédérées » (1).

Quelques jours avant, le 13 décembre, il y avait eu à Montélimart, une fédération dont le cadre avait été plus ample, puisque les 75 communautés qui y furent représentées appartenaient au Vivarais, à la Provence, au Languedoc et au Dauphiné (2). Une autre fédération des deux rives du Rhône eut lieu à Privas, le 27 février 1790.

Les fédérations se multiplièrent en Dauphiné. M. Gustave Vallier a signalé, de décembre 1789 à la fin d'avril 1790, celles de Dieu-le-Fit (Drôme), de Nyons, de Valence de Saint-Marcellin, de Romans, de Laragne, de Saint-Paul-Trois-Châteaux et Pierrefitte, de Grenoble.

(1) Le procès-verbal de cette assemblée a été réimprimé (avec des commentaires malveillants), par M. Charles Bellet, sous ce titre : *Confédération des gardes nationales du Dauphiné et du Vivarais, à Tournon, le 26 décembre 1789.* Valence, 1913, in-8° de 23 pages. — Bibl. nat., Lf 133/334.

(2) Nous ne connaissons cette fédération de Montélimart que par la mention que fait M. Gustave Vallier, ouvrage cité

Parmi ces fédérations, celle de Valence, 31 janvier 1790, eut une ampleur quasi nationale (1), puisqu'on y vit des délégués, non seulement de 193 localités du Dauphiné, mais de 83 du Vivarais, de 3 du Languedoc, de 3 de la Provence, de 12 de la Touraine, du Lyonnais, du Comtat, de l'Alsace, de la Flandre, de la Lorraine, de l'Auvergne. On n'y personnifia pas seulement la patrie dans le roi, mais aussi dans les députés : « Après la messe, le prêtre entonna le *Domine, salvum fac regem* : et il ajouta : *Et delegatos nostros*, ce qui fut vivement applaudi (2). » La fédération de Grenoble, 11 avril 1790, fut plus ample encore puisqu'aux 224 localités dauphinoises qui y furent représentées s'ajoutèrent les députations ou les adhésions de localités situées dans diverses provinces, dont quelques-unes fort éloignées.

La ville de Lyon suivit ou accompagna ce mouvement, et eut, elle aussi, sa grande fédération, le 30 mai 1790 (3).

Le 25 avril 1790, le Conseil général de la commune

---

(1) La fédération de Valence (31 janvier 1790) a été décrite dans le *Moniteur*, réimp., t. III, p. 390-891. Un des orateurs y dit : « ...Donnons à l'Europe l'exemple d'une grande famille, liée par le même sentiment, par le même intérêt, par les mêmes devoirs... »

(2) *Relation intéressante, authentique et bien circonstanciée de la grande confédération patriotique des habitants des deux rives du Rhône qui a eu lieu le 31 janvier, sous les murs, de Valence en Dauphiné.* S. l. n. d., in-8. — Bibl. nat. Lb³⁹/8359.

(3) *Confédération de Lyon, le 30 mai 1790.* Lyon, 1790, in-8 de 92 pages, Bibl. nat., Lb³⁹/8894.

de Lyon avait arrêté de former, le 30 mai suivant, aux Broteaux, un « camp fédératif », auquel seraient invitées « les gardes nationales des départements de la France ». Une circulaire fut, à cet effet, expédiée « dans toute l'étendue de la France ».

Nombreuses furent les adhésions, nombreuses furent les présences (1).

Cinquante mille hommes jurèrent, « sur l'autel de la patrie, de vivre et de mourir en frères ».

Au milieu du camp, un monument de 76 pieds de haut sur 80 pieds de base, « représentait un rocher rempli d'écueils et d'immenses cascades qui se précipitaient du sommet. Au haut de ce rocher était la statue de la Liberté, telle que les Egyptiens nous la dépeignent, vêtue de blanc, et tenant, de la main droite, une lance au bout de laquelle était un bonnet,

(1) Parmi les communes qui envoyèrent des représentants, citons : Bourgoin, Marseille, Grenoble, Tournon, Annonay, Cusset, Moulins, Belley, Clermont, Vesoul, Thiers, Dijon, Gannat, Le Puy, Saint-Amand, Valence, Bourg-en-Bresse, Nantua, Saint-Etienne, Pont-de-Vaux, Tournus, Macon, Beaune. — Députations : Verdun, Gap, Sarrelouis, Orange, Nancy, Tarascon, Saint-Claude, Die, Montélimart, Toulon, Lons-le-Saunier, Montpellier, Aix-en-Provence, bataillon de Saint-Eustache de Paris, île de Corse. — Adhésions : Brioude, La Chataigneraie-en-Poitou, Limoges, Metz, Longwy, Dax, Angoulême, Arbois, Mont-de-Marsan, Rennes, Saint-Dié, Les Sables d'Olonne, Besançon, Clermont-en-Argonne, Alais, Saint-Brieuc, Avignon, Bar-le-Duc, Toul, Vesoul, Colmar, Nîmes, Chartres, Briançon, Varennes, Nantes, Sarrebourg, Perpignan, Uzès, Beauvais, Cahors, Castres, Bitche, Le Mans, Laval, Issoudun, Bourges, Montluçon, Fontenay-le-Comte, Narbonne, Château-du-Loir, Rodez, Dôle, Quingey, Sablé, Mayenne.

et de la main gauche, une couronne d'olivier ; à ses pieds était un chat. » Au pied du rocher, un « temple de la concorde ».

Contrariée par le mauvais temps, comme le sera plus tard, à Paris, la fédération nationale, cette fédération lyonnaise n'en fut pas moins imposante, et déjà presque nationale elle-même. Les Corses y prirent part. Mais ils n'arrivèrent que le 31. Une tempête avait retardé leur bateau. Ils prêtèrent leur serment le 1er juin.

Parmi les discours, citons celui de M. Dolle, commandant de la garde nationale de Grenoble : « Amis et camarades, c'est maintenant que nous sentons avec délices combien il est doux pour des citoyens qui savent aimer la patrie de se réunir de toutes les parties de l'Empire pour ne former qu'une seule et même famille. Par l'heureuse influence de cette égalité, dont nous ressentons déjà les bienfaits, tous les départements du royaume contractent l'union la plus tendre, tous les citoyens deviennent des frères, et tous les bons Français, pénétrés des mêmes sentiments de patriotisme, n'auront bientôt qu'un seul désir, celui de chérir à jamais et leurs lois et leurs rois. »


## III


Dans les fédérations de Franche-Comté, on trouve le même patriotisme, à la fois unitaire et libéral, que dans les fédérations du Dauphiné et de Lyon, avec des circonstances et des formes un peu différentes.

Ce qui, dans cette province, décida et précipita le mouvement, ce fut l'opposition de la Noblesse et du Parlement à la Révolution commençante, même à la convocation des Etats généraux. (Les nobles de la province n'acceptaient pas le « doublement » du Tiers.)

Le célèbre incident du château de Quincey, qui advint le 19 juillet 1789, causa une émotion générale. Dans une dépendance de ce château, où des paysans avaient pénétré, un baril de poudre fit explosion et tua trois personnes. On crut à un guet-apens, qu'on imputa au propriétaire du château, M. de Mesmay, conseiller au Parlement de Besançon. On se trompait : une instruction judiciaire innocenta M. de Mesmay. Mais, dans toute la province et même dans toute la France, la nouvelle, rapidement répandue, excita l'indignation et l'effroi. Ce fut un des faits qui préparèrent les esprits à cette *grande peur*, d'où sortirent l'armement spontané du peuple, sa formation révolutionnaire en communes, les fédérations.

Dès le lendemain, 20 juillet, la municipalité de Vesoul forma une garde bourgeoise de 300 hommes, plus un Comité de 21 membres, pour maintenir l'ordre, non seulement dans la ville, mais aussi dans les communautés voisines (1) : c'était déjà comme une ébauche de groupement fédératif.

(1) H. Baumont, *Les fédérations dans la Haute-Saône*, article dans la *Révolution française*, t. XIV, p. 885 et suiv.

Le 24 juillet, la municipalité de Besançon écrivit aux autres municipalités de Franche-Comté : « Nous vous prions de nous considérer comme le point central de l'union qui doit régner entre les villes de la province pour y assurer le bon ordre, la tranquillité et la paix (1). »

Le 1er août 1789, le conseil de la garde nationale de Lons-le-Saunier, dans une lettre circulaire aux échevins de toutes les communautés du bailliage, leur offrit les secours dont ils pourraient avoir besoin « en cas d'attaque de la part des brigands dont on dit que le royaume est infesté ». Il disait : « Nous désirons former avec vous une ligue offensive et défensive contre tous les ennemis de la nation (2). »

C'est vraiment, sauf le mot, une fédération.

Le mot et la chose sont nettement proposés par le Comité de Vesoul, dans une délibération du 18 septembre 1789, où il appelle toutes les communautés du bailliage, « au nom de la patrie, à une confédération vraiment grande et digne d'elle, à une confédération d'honneur, de vertu et de respect pour les lois, et d'union pour le salut commun » (3). Il s'agit de « resserrer les liens du patriotisme », à l'exemple de la ville de Millau (4). S'opposer à ce mouvement d'union, ce serait « crime de lèse-patrie ».

---

(1) Maurice Lambert, *Les fédérations en Franche-Comté*. Paris, 1890, in-8° ; p. 11.
(2) Lambert, p. 12.
(3) Baumont, p. 887
(4) Voir plus haut, p. 137.

Cet appel fut entendu. Le 27 septembre 1789, les habitants de Saint-Sauveur (aujourd'hui Haute-Saône, arrondissement de Lure) se réunirent sur la place publique pour une adhésion solennelle, rédigée en forme d'acte notarié. Allant plus loin que les gens de Vesoul, ils demandaient que la confédération ne s'étendît pas seulement à leur bailliage, à leur province, mais à « toutes les villes et bourgs et communautés de la France entière ». Plusieurs communes comtoises s'associèrent aussitôt à la démarche des habitants de Saint-Sauveur (1).

Le gouverneur de la province, marquis de Langeron, ami de Necker, favorisait le mouvemeut. Sur son désir et à la demande du Comité des subsistances de Besançon, les quatorze villes bailliagères de Franche-Comté (Arbois, Baume, Besançon, Dôle, Gray, Lons-le-Saunier, Orgelet, Ornans, Poligny, Pontarlier, Quingey, Saint-Claude, Salins et Vesoul) nommèrent chacune trois députés. Réunis à Besançon (2), à l'hôtel de ville, ces députés adoptèrent unanimement un « traité fédératif ». Le préambule indiquait bien qu'il s'agissait de défendre la Révolution contre ses ennemis : « Portant en premier lieu leurs regards sur la nécessité d'être toujours en garde contre les trames des ennemis de la régénération de l'Etat, ils voient avec peine que ces ennemis, après avoir essayé

_______

(1) Baumont, *ibid.*, p. 889 et 906 à 908.

(2) « Pour cette fois, et sans entendre qu'à l'avenir cette cité puisse être le siège d'aucune assemblée politique de la province de préférence aux autres villes. »

inutilement, à trois diverses époques, de dissiper le Corps législatif, d'anéantir ses décrets, d'affliger le cœur d'un roi bon, juste, bienfaisant, du *Restaurateur*, en un mot, *de la liberté française*, pensent à perpétuer des troubles qui sont leur ouvrage, en excitant la classe indigente du peuple, par tous les artifices et par toutes les manœuvres possibles. » Leur prétexte du moment est la question des subsistances, sur laquelle ils alarment le peuple. Aussi le traité fédératif contient-il beaucoup de mesures pour empêcher l'exportation du grain hors du royaume et les accaparements. Mais la vraie mesure de salut, c'est « la réunion des forces éparses du patriotisme ». « Les quatorze villes bailliagères de la province et leurs milices nationales contractent donc, sur l'autel de la patrie, l'engagement le plus solennel de demeurer unies et confédérées par les liens de la confraternité la plus étroite. Leurs représentants invitent, ils conjurent les villes, les bourgs, les communautés des campagnes d'adhérer à cette association, qui, par l'influence de l'exemple, peut devenir bientôt le principe de la réunion de tous les Français (1). »

Le Comité de Vesoul, on l'a vu, avait défini un « crime de lèse-patrie », égalant ainsi la majesté de la nation à celle du roi. L'assemblée de Besançon professe la religion de la patrie. Métaphorique ou non (2),

---

(1) Ce traité fédératif, inscrit au registre de la municipalité de Besançon, a été publié par M. Lambert, p. 85 à 99.

(2) M. Lambert, p. 19, assure que ce n'était qu'une métaphore, mais en est-il bien sûr ?

cet « autel de la patrie » sur lequel elle prête le serment de confraternité est le symbole de ce culte de la France, qui deviendra, peu d'années plus tard, une religion nationale.

Cette assemblée de Besançon n'avait formé qu'une fédération provinciale, régionale (1). Une fédération interrégionale eut lieu à Dôle le 21 février 1790. Des délégués des gardes nationales d'une partie de l'Alsace et d'une partie de la Champagne s'y adjoignirent aux délégués des gardes nationales de Franche-Comté pour jurer, le 23 février, le pacte fédératif, sur la place Louis XVI, « au pied de la statue élevée au Restaurateur de la liberté de l'Amérique et de la France » (2).

Une autre fédération comtoise, où les troupes de ligne s'unirent aux gardes nationales, eut lieu à Besançon le 16 juin 1790 (3).

(1) Mais, en adressant sa délibération à des municipalités d'autres provinces, elle avait propagé hors de sa région le pacte fédératif. Ainsi la ville de Dijon invita les villes et villages de Bourgogne à adhérer au pacte fédératif de Besançon. Cf. Buchez, *Histoire de l'Assemblée constituante*, 2ᵉ éd., t. II, p. 339.
(2) Lambert, p. 21.
(3) *Ibid.*, p. 25.

# CHAPITRE VII

## La patrie et les fédérations (*suite*)

I. Fédération de Strasbourg. — II. Fédérations du Centre, du
Sud-ouest, de l'Ouest et du Nord. — III. Fédérations bretonnes-angevines.


La Franche-Comté avait participé, par des délégués,
à la fédération de Strasbourg, qui fut peut-être la plus
belle des fédérations, et qui est sûrement, pour nous
Français de 1915 (1), la plus instructive.

Le procès-verbal de cette fédération est un des plus
admirables monuments du patriotisme français (2),
un des titres de légitimité et de noblesse de la patrie
française.

Résumons-le.

C'est le 22 mai 1790 que la municipalité de Stras-

(1) Ces lignes ont été écrites pendant la guerre.
(2) *Procès-verbal de la confédération de Strasbourg*. Chez
Dannbach, imprimeur de la municipalité, 1790, in-8º de 106
pages (titre de départ ; *Procès-verbal de la fédération du Rhin*).
— Bibl. nat., Lk ⁷/9510. — La Société de l'histoire de la Révolution française vient de réimprimer ce document dans sa
Collection.

bourg approuva « le projet d'une confédération de la garde nationale de cette ville avec la garnison et les gardes nationales » (1).

Le 11 juin, des pavillons aux couleurs de la nation furent placés « sur les quatre tourelles et sur la pointe de la superbe flèche de la cathédrale », aux acclamations générales. « Ce spectacle, vu des rives opposées du Rhin, apprit à l'Allemagne que l'empire de la liberté est fixé en France. »

Arrivèrent les confédérés : 1° *Troupes réglées*. Cavalerie : Maréchaussée, Royal Cavalerie, Artois Cavalerie. Infanterie : Royal, La Fère par détachement, Alsace, Strasbourg. Artillerie : Ouvriers, Boulonnais, Saintonge. Régiments qui ont adhéré : La Marine, à

(1) Déjà les Strasbourgeois avaient applaudi aux fédérations bretonnes. M. R. Reuss a retrouvé et publié (*l'Alsace pendant la Révolution française*, p. 294) la minute de la lettre suivante : « Les patriotes de Strasbourg à ceux de Quimper. Strasbourg, 12 décembre 1789. Messieurs et chers compatriotes, nous avons reçu la lettre que vous nous avez fait l'honneur de nous écrire le 4 de ce mois, avec l'arrêté qui y était joint, et par lequel vous invitez les villes de Bretagne à renouveler leur pacte fédératif. Agréez, messieurs, nos sincères remerciements de cette communication fraternelle. Elle nous met à portée d'applaudir aux efforts redoublés du patriotisme dont votre province a donné de si grands exemples et qui la rendent si digne de recouvrer une liberté qui était le patrimoine des fondateurs de la nation. » Cette minute est sans signature. Nous reviendrons plus loin sur la démarche des « patriotes » de Quimper. Dans un autre ouvrage (*Histoire d'Alsace*, 5e éd., 1912, in-16, p. 227), M. Reuss dit que la fédération de Strasbourg fut organisée par les patriotes pour combattre la réaction, qui venait de l'emporter dans les élections des conseils de district et de département.

Belfort ; Neustrie, à Wissembourg ; Chasseurs des Évê-
chés à Belfort ; Royal Étranger Cavalerie à Dôle. —
2° Gardes nationales représentées par des députés :
Jura, Loire-Inférieure, Marne, Haute-Saône, Doubs,
Meuse, Meurthe, Moselle, Vosges, Haut-Rhin, Bas-
Rhin, au total : 2.281 députés.

On le voit : cette fédération de Strasbourg n'était
pas seulement régionale. Ce n'est même pas assez dire
que de l'appeler interrégionale. S'étendant jusqu'à
un département breton, elle avait une ampleur vraiment française. Pour faire acte d'union directe avec
Paris, les Strasbourgeois avaient invité le général La
Fayette.

La Fayette s'excusa, mais il se fit représenter par
M. de Chaumont, son aide-de-camp.

Cette « armée confédérée » prit pour général
M. de Weitersheim, colonel de la garde nationale de
Strasbourg.

C'est le 13 juin qu'eut lieu la cérémonie.

Formée en trois colonnes (1° troupes réglées ;
2° garde nationale de Strasbourg ; 3° gardes nationales confédérées), l'armée se porta à la « plaine des
Bouchers ».

On y avait élevé une butte de gazon, au milieu de
laquelle se dressait l'autel de la patrie, non plus métaphorique (1), cette fois, mais réel, fait de terre et de

_______

(1) Voir ce que nous avons dit plus haut, p. 155, à propos
du Comité de Vesoul. — La Bibliothèque de la ville de Strasbourg possède une estampe (dessinée et gravée par C. Dupuis,
architecte), qui représente la cérémonie. On peut voir ainsi,

gazon. (Il ne faudrait pas croire, d'ailleurs, que cette érection d'un autel de la patrie ait été un fait particulier à la fédération strasbourgeoise).

Les confédérés se formèrent en carré, « dont le quatrième côté était déterminé par l'autel de la patrie ».

« Des deux côtés de l'autel, et extérieurement à l'emplacement de l'armée, on avait élevé deux vastes amphithéâtres, sur lesquels s'étaient placés un grand nombre de citoyens. Le reste des spectateurs était répandu sur la chaussée, située à deux cents pas derrière l'autel. »

« L'armée s'était à peine rangée en bataille qu'on vint annoncer au général de la fédération qu'une flotte, portant pavillon aux couleurs de la nation, paraissait sur la rivière d'Ill et qu'elle allait aborder à la plaine. Cette flotte portait plus de 400 citoyennes, qui demandaient à prêter le serment civique. Aussitôt le général envoya un détachement pour les recevoir. On voyait parmi elles les épouses de plusieurs officiers municipaux, des femmes de militaires et grand nombre de citoyennes. Toutes étaient vêtues de blanc, ayant au bras gauche un ruban aux couleurs de la nation. Elles furent placées dans l'intérieur de la ligne, en face de l'autel. Les jardinières de la cité, vêtues de

à peu près, où s'élevait l'autel de la patrie. Aujourd'hui, l'endroit est libre, sans construction aucune. La municipalité a bien voulu faire bon accueil à l'idée que je lui ai soumise d'y élever un monument commémoratif, mais cette idée n'a pas encore été réalisée,

blanc, avec un corset vert, grossissaient leur cortège. Elles portaient des corbeilles remplies de fleurs. Jalouses de prêter le serment civique, elles avaient exprimé leur vœu à M^me Diétrich, épouse du maire, en lui offrant un bouquet (1). Cette respectable citoyenne leur avait répondu par un discours rempli de patriotisme. On les plaça sur une des rampes qui conduisaient à la butte (2). »

Puis arriva, de l'hôtel de ville, un cortège, précédé du drapeau de la fédération (qu'une jeune citoyenne de Strasbourg avait passé cinq semaines à broder). Ce cortège était formé d'un détachement de vétérans, de la municipalité, des chefs de l'armée, et, en arrière-garde, d'un bataillon d'enfants de la patrie, bataillon adopté par la garde nationale. Enfin venait une délégation de cultivateurs.

Alors fut faite une bénédiction des drapeaux et fut

_______________

(1) Elles disaient dans ce discours : « Que ces [fleurs que nous avons l'honneur de présenter à Madame la Maire (*sic*), chérie par ses nobles sentiments, par sa vertu et son patriotisme, et aux autres dames de la Municipalité, soient les témoins de notre véritable estime. Que le mélange des couleurs vous assure que le blanc est l'image de la pureté de nos cœurs ; le bleu, de notre constance ; le vert, le symbole de nos espérances, et le rouge le feu ardent qui nous anime pour implorer le Créateur de l'univers qu'il veuille bénir la France. »

(2) Ce n'est pas seulement en Alsace que les femmes participèrent ainsi à la fédération, mais en beaucoup d'autres régions. Louis Blanc (t. III, p. 333) a bien mis en lumière ce rôle des femmes dans le mouvement fédératif et dans le développement du patriotisme.

dite une messe. « A l'élévation, on fit une salve de douze coups de canon, pendant laquelle l'armée présenta les armes, et les commandants firent mettre genou en terre. » Le procès-verbal ajoute : « On donna dans cette occasion un exemple bien fait pour être imité de tous les peuples éclairés. L'ordre portait que les seuls catholiques seraient obligés de mettre genou en terre. »

Cela est remarquable, et dans aucune autre confédération ne se retrouve, que je sache, un semblable trait de libéralisme (1). C'est que la révocation de l'édit de Nantes ne s'était pas étendue à l'Alsace. Les rois de France avaient eu la sagesse d'y maintenir (à quelques tracasseries près) la liberté religieuse. Cette liberté florissait donc en Alsace, et c'était le

(1) Cependant Louis Blanc, t. IV, p. 334, assure qu'on trouve, « presque à chaque page », dans les procès-verbaux des fédérations, « l'abjuration des haines religieuses au pied du gibet où le Christ mourut pour le salut de tous ». Il me semble qu'ici le consciencieux historien a, pour une fois, écouté son imagination. Ce n'est pas que les manifestations de tolérance et de liberté religieuses fassent défaut en 1790, mais on les trouve dans d'autres documents, par exemple dans la *Déclaration et profession patriotique des habitants de la ville de Montauban des 8 et 9 juin 1790* : « Au nom de la patrie et de la liberté, nous tous, habitants de la cité et faubourgs de Montauban, Français réunis dans un même esprit, sans distinction de culte, ni de rang, ni de profession, déclarons à tous les Français, nos frères, que... nous nous considérons tous égaux devant la loi, observant tous, avec des cultes différents, les mêmes principes, la même morale renfermés dans les lois sociales. » Ils abjurent « les querelles religieuses des siècles d'ignorance ». — Bibl. nat., Lb³⁹/8942, in-8°.

seul pays de France, peut-être même le seul pays d'Europe, sauf la Prusse, où il n'y eût pas de religion d'Etat tyrannique, où la tolérance se fût établie dans les mœurs, moins par la philosophie que par la pratique (mais la pratique mena à la philosophie). L'Alsace était, en 1789, un foyer et une école de liberté de conscience. Par l'exemple de cette liberté elle prépara cet établissement de l'Etat laïque qui était encore si étranger à l'esprit des autres Français, et dont les plus ardents révolutionnaires furent si lents à se former une conception un peu nette. Ainsi les Alsaciens, en adhérant à la patrie nouvelle, y apportèrent une contribution originale, l'enrichirent du germe de la plus précieuse liberté.

Mais reprenons l'analyse du procès-verbal de la fédération strasbourgeoise.

A la bénédiction des drapeaux et à la messe, manifestation catholique, succéda une manifestation de la confession d'Augsbourg, dont un ministre, nommé Blessig, prononça ces paroles notables, bien caractéristiques du patriotisme révolutionnaire :

« ...C'est sur la chaussée que traverse cette plaine que s'avancèrent, il y a un siècle, un roi redouté et un ministre sanguinaire, pour ordonner par leurs menaces à la ville de Strasbourg de se réunir à l'Empire français.

« Que les phalanges qui couvrent aujourd'hui cette plaine sont différentes de celles qui alors nous investirent ! Soyez les bienvenus, ô vous qui, de près ou de loin, venez, avec tout l'appareil militaire, nous appor-

ter le désir de la paix et les délices de la vie, la liberté !
Vous ne voyez en nous que des frères, et c'est encore
en frères que se réunissent à nous ces vaillants guerriers placés dans nos murs pour la défense de la patrie.

« Dieu tout-puissant, jette un regard favorable sur
cette armée. Elle va s'unir par le pacte le plus sacré ;
c'est avec toi qu'elle formera sa première alliance. O
toi, le principe et la fin de tout bien, c'est pour la première fois que tu vois assemblés en ton nom des
milliers d'hommes armés, qui annoncent hautement à
toutes les nations qu'ils détestent les conquêtes, puisqu'elles sont, comme les chaînes du despotisme, toujours teintes de sang et de larmes. »

Après ce ministre luthérien on entendit un ministre
calviniste, Huber, né en Suisse, mais qui exprima des
sentiments très français.

Puis, des jeunes filles de la confession d'Augsbourg
chantèrent un hymne. « Leur chant simple et harmo-
nieux fit éprouver une émotion nouvelle à ceux des
confédérés qui n'avaient aucune idée du culte protestant. »

Enfin le serment fut prêté, « à la face du Dieu de
l'Univers », d'être fidèles à la nation, à la loi et au roi,
et, entre autres promesses, « d'être inséparablement
unis, et de voler au secours les uns des autres, pour
notre bonheur commun ».

Le soir, la municipalité fit illuminer la flèche de la
cathédrale : « Ce coup d'œil, vu de l'autre côté du
Rhin, a prouvé aux princes jaloux de notre bonheur
que, si les Français ont jadis célébré les conquêtes

des monarques, les naissances des successeurs des despotes, ils ont enfin fait briller à leurs yeux l'éclat de leur liberté. »

Le lendemain lundi 14 juin, seconde journée : prestation de serment par les troupes qui, la veille, étaient restées de garde dans la ville ; nouvelle illumination de la cathédrale ; réunion des commissaires pour la rédaction du procès-verbal.

Mais les confédérés du Rhin avaient à cœur d'illustrer encore davantage, pour l'introduire dans la patrie nouvelle qu'ils venaient de jurer, cette liberté de conscience à laquelle ils avaient rendu, dès le premier jour de la fête, un si délicat hommage.

Le 16 juin, sur l'autel de la patrie, on baptisa les fils nouveau-nés de deux gardes nationaux de Strasbourg nommés Brodard et Kohler.

Le petit Brodard, né catholique, eut pour parrain M. Weitersheim, catholique, et pour marraine M<sup>me</sup> Dietrich, protestante, femme du maire. Le petit Kohler, protestant, eut pour parrain le maire Dietrich, protestant, et pour marraine M<sup>me</sup> Mathieu, catholique, femme du procureur de la commune. Le petit Brodard reçut pour prénoms Charles-Patrice-Fédéré-Prime-René-de la Plaine-Fortuné ; le petit Kohler, François-Frédéric-Fortuné-Civique. Puis les deux ministres qui avaient administré, chacun à son tour, le baptême, l'abbé Nioche et le pasteur Eisen, s'embrassèrent devant le peuple (1).

(1) A propos de cette scène de tolérance fraternelle, M. R.

Ainsi, dans la fédération strasbourgeoise furent honorés et fraternisèrent les deux cultes qui ailleurs se faisaient la guerre. Mais la fédération ne se contenta pas d'une leçon de tolérance et d'amitié. Elle rendit aussi hommage à la philosophie. Elle fit un geste qui annonce presque le culte de la Raison, le culte de l'Etre suprême, ou du moins cette religion de la patrie organisée plus tard en culte décadaire. En effet, au baptême religieux succéda, dit le procès-verbal, « une sorte de baptême civique ». On enleva « l'autel religieux ». « Les marraines, portant les nouveau-nés, vinrent occuper son emplacement. On déploya le drapeau de la fédération au-dessus de leurs têtes. » Les parrains prêtèrent en leur nom le serment civique. Ce spectacle « laissa dans l'âme une émotion qu'il est impossible de rendre ».

Telle fut la fédération de Strasbourg, dite aussi fédération du Rhin. Elle eut cette originalité, entre toutes les fédérations, que le patriotisme y arbora hardiment le drapeau de la liberté de conscience et même de la philosophie. Elle fut aussi — et c'est ce qui aujourd'hui nous intéresse le plus — une des

Reuss a écrit dans son *Histoire d'Alsace*, 5ᵉ éd., 1912, in-16, p. 229 : « A Pllobstein, commune de culte mixte, le curé avait été élu maire du village; les électeurs protestants lui demandèrent la permission d'assister à sa messe, l'invitèrent à leur culte, puis les deux ecclésiastiques s'embrassèrent, au milieu des applaudissements de leurs ouailles. Ailleurs, dans le riche canton de Kochersberg, sept village protestants et cinq villages catholiques faisaient également bénir en commun leurs drapeaux par leurs curés et leurs pasteurs. »

belles manifestations unitaires (1). Conquise ou acquise à l'ancienne mode, c'est-à-dire sans que les habitants fussent consultés, l'Alsace se donna à la France par un mouvement spontané, par un pacte spontané, qu'avait préparé, il faut le dire, l'habile politique royale.

Dans son rapport sur l'affaire des princes possessionnés (28 octobre 1790), Merlin (de Douai) dira : « Le peuple alsacien s'est uni au peuple français parce qu'il l'a voulu : c'est donc sa volonté seule, et non pas le traité de Munster, qui a légitimé l'union... »

## II

Si j'ai insisté sur les fédérations de l'Est (2), c'est qu'il était intéressant de noter que, dans les provinces

(1) Longtemps après, pendant cette période des Cent-Jours qui vit revivre quelques formes de la Révolution française, il y eut une nouvelle fédération à Strasbourg, où se manifesta un enthousiasme patriotique, les 5 et 6 juin 1815. M. Paul Muller a raconté cette manifestation dans le *Journal des Débats* du 6 juin 1916.

(2) Dans l'Est, il faudrait aussi noter, si on faisait une histoire plus complète des fédérations, la fédération des gardes nationales des Vosges, à Épinal, le 7 mars 1790. « Les députés de diverses communes, représentant 80.000 habitants, se prêtèrent serment de défendre la Constitution. Ce fut une fête qui dura trois jours. » (Buchez, *Histoire de l'Assemblée constituante*, 2e édit., t. III. p. 2). Dans la fédération qu'ils firent le 19 avril 1790, sur le mont Sainte-Geneviève, les habitants de Nancy empruntèrent aux Vosgiens la formule de leur ser-

excentriques et dont la francisation n'était pas fort ancienne, le patriotisme se montre très unitaire et très fraternel.

Quant aux fédérations du Centre, du Sud-Ouest, de l'Ouest et du Nord, le patriotisme y offre le même caractère.

Ainsi, à la fédération de Clamecy, 27 mai 1790, « le serment, dit le procès-verbal, a été suivi de l'accolade fraternelle reçue et rendue dans tous les rangs » (1).

A la fédération de l'Aube, 9 mai 1790, le commandant des grenadiers de la garde nationale de Troyes recommanda l'union entre les différents corps ou armes de gardes nationaux : « Vivons comme frères, n'ayons qu'une volonté, celle du bien public. Oublions que nous sommes grenadiers, volontaires, arquebu-

ment, en y ajoutant ce cri de ralliement : *L'union et la France !* (Louis Blanc, t. IV, p. 337). Les confédérations du Lyonnais se fédérèrent avec celles du Dauphiné. La confédération d'Orange se fédéra avec celles du Languedoc et du Dauphiné. Dans le Sud-Est, il y eut aussi, à la fin de mai 1790, une grande fédération, celle de Draguignan, dont Max. Isnard fut l'orateur. La fédération de la Gardonnenque (Gard) eut aussi de l'importance. (F. Rouvière, *Hist. de la Rév. fr. dans le dép. du Gard*, t. I, p. 73). — A Nîmes, le 16 juin 1790, le corps électoral du département du Gard, les gardes nationales de ce département, celles de Montpellier, Ganges, Massillargues et le régiment de Guyenne prêtèrent le serment fédératif : « Français patriotes, citoyens vertueux, nous jurons devant l'Eternel de nous aimer en frères, de ne faire tous qu'une même famille... » (Bibl. nat., Lb³⁹/8986, in-8°).

(1) *Procès-verbal de la fédération... de Clamecy*. S. l. n. d., in-8°. — Bibl. nat. Lb³⁹/8867.

siers, gardes d'Argenteuil et chasseurs ; ces noms ne
sont que des termes de ralliement adoptés pour la
discipline. Pensons sans cesse que nous sommes citoyens et frères, enfants et soldats de la patrie, Français en un mot... » (1).

Le 4 juillet 1790, il y eut à Toulouse une « fédération générale des municipalités et gardes nationales
réunies des départements de la Haute-Garonne, de la
Gironde, du Tarn, du Lot, du Lot-et-Garonne, du
Gers, de l'Aude, des Pyrénées (*sic*) et autres ». Nous
n'en avons pas retrouvé le procès-verbal, mais nous
avons le discours de l'abbé Barthe, « aumônier de
ladite fédération ». Lui aussi, il glorifie l'unité et la
fraternité : « Guerriers, pourquoi ces traits, ces glaives
ces étendards ? Ah ! sous ces dehors militaires, je re-

---

(1) *Discours de M. de Jouglas, chevalier de Saint-Louis...* S. l.
n. d., in-8°. — Bibl. nat., Lb 39/8764. — Un peu analogue, à
première vue, semble être le « serment patriotique » des
« Chevaliers de l'Arc », dont les compagnies de Paris, de
Senlis, de Fontainebleau, de Nogent, de Fleurines, de Mont-
martre, de Colombes, de Saint-Ouen et de Saint-Maur se réunirent « à l'Hôtel de l'Arc de la capitale », le 27 février 1790,
« pour cimenter, par les liens les plus sacrés et les plus
indissolubles, une confédération fraternelle et une association
parfaite pour toutes les occasions où le bien public pourrait
l'exiger ». Mais, quoique La Fayette ait passé ces fédérés en
revue, leur but était peut-être plus corporatif que patriotique
(*Serment patriotique, extrait des registres de la compagnie de
l'Arc...* Bibl. nat., Lb 39/8495, in-8°). Quand l'Assemblée de
la commune de Paris consentit à recevoir la visite des « Chevaliers de l'Arc » (Sigismond Lacroix, t. IV, p. 208), elle déclara que c'était « sans préjuger, par cet acte, la permanence
de leur corporation ».

connais les enfants de la patrie, je reconnais des soldats-citoyens, des citoyens-soldats, qui viennent consacrer, par l'union la plus solennelle, ce code régénérateur qui doit faire de tous les Français un peuple de frères, une même famille (1). »

A la fédération d'Angoulême (6 avril 1790), le commandant de la légion, M. de Bellegarde, s'écria : « Volons à l'envi vers cet autel de l'union et de la liberté, prenant à témoin le Dieu de l'Univers, ce Dieu qui seul élève et détruit les empires, jurons sur nos âmes et nos épées de rester à jamais unis par les liens de la plus étroite fraternité... » Après ce serment, « la joie a été si vive qu'elle s'est manifestée par des danses, compagnie par compagnie et district par district. Messieurs des municipalités se sont mêlés à ces danses guerrières, qui ont fini par devenir générales (2) ».

Michelet n'a donc pas tort de comparer les fédérations à des farandoles (3). Car ces danses se voient

(1) *Discours sur la Constitution française...* s. l. n. d., in-8°. — Bibl. nat., Lb 82/3692. — Racontant cette fédération dans une lettre à un ami, le contre-révolutionnaire Fauré, avocat au parlement de Toulouse et banquier du pays, dit : « Les bonnes maisons de la ville restèrent fermées ce jour-là. » *Notes et réflexions d'un bourgeois de Toulouse, au début de la Révolution,* par Félix Pasquier; Toulouse, 1917, in-8 (p. 37).

(2) *Procès-verbal...,* Angoulême, 1790, in-8°. — Bibl. nat., Lb 39/8623.

(3) Tout ce que Michelet dit des fédérations est, en général, aussi vrai que beau. Mais, dans ses vues, il y a comme une sorte d'erreur d'optique, qui mène à une confusion chronologique. En effet, Michelet ne distingue pas les fédérations

dans d'autres fédérations, par exemple dans celle du Mans (2 juillet 1790), dont le procès-verbal note, après la prestation de serment, « les embrassements fraternels, les courses, les danses, la joie et l'ivresse générales ».

C'est à cette fédération du Mans que la patrie fut représentée, comme elle l'avait déjà été à Lyon (1), sous la forme d'une déesse de la Liberté. En effet, sur le drapeau de la fédération « était peinte la déesse de la Liberté, figurée par ses attributs mystiques, tenant un sceptre de la main droite, appuyée sur l'écusson de France, posé sur sa sphère. Autour de l'écusson était écrit : Louis XVI. Un ruban national entourait le sceptre ; sur son extrémité, jetée au hasard, on lisait : *Il m'a rendu aux Français*. De sa main gauche elle tenait un bonnet écarlate, écrit au-dessus : *Me porter ou mourir* ; sous ses pieds, un joug rompu ; sur l'un des côtés, on lisait : *Il est brisé* ; sur un autre : *Pour jamais* (2) ». On dirait un prélude au culte de la Raison.

qui eurent lieu dans les départements le 14 juillet 1790, c'est-à-dire le même jour que la grande fédération nationale, d'avec les fédérations antérieures, qui préparèrent cette fédération nationale. Toutes les fédérations provinciales, dans le récit de Michelet, semblent *préparatoires* de la fédération nationale, tandis que la plupart de celles dont il parle ne furent que le résultat ou l'accompagnement de la fête parisienne et nationale.

(1) Voir plus haut, p. 149.

(2) *Procès-verbal de l'Assemblée fédérative des gardes nationales du département de la Sarthe. Le Mans, s. d., in-4°.* — Bibl. nat., Lb³⁹/9039.

A Pau, la fédération (27 juin 1790) se plaça sous les auspices d'Henri IV. Quand, sur un autel de la patrie joliment décoré, les fédérés eurent juré « de rester à jamais unis par les liens de la plus étroite fraternité », le maire de la ville dit : « Réunis autour du berceau du grand Henri, dans l'enceinte du séjour qu'habita ce bon roi, aux pieds de l'autel de la patrie, le civisme nous enflamme. » En cette cérémonie, les « volontaires du berceau de Henri IV » eurent une place d'honneur (1).

C'est à la fédération de Dijon (18 mai 1790) qu'on entendit la définition la plus philosophique du patriotisme nouveau. L'abbé Volfius, le futur évêque constitutionnel de la Côte-d'Or, s'y exprima ainsi : « Qu'est-ce que la patrie ? Ce n'est point ce sol que nous habitons, ces murs qui nous ont vus naître. La vraie patrie est cette communauté politique où tous les citoyens, protégés par les mêmes lois, réunis par le même intérêt, jouissent des droits naturels de l'homme et font partie de la chose publique... »

Puis il posa cette série de questions, dont je ne relate, à chaque question, que les premiers mots :

« Avions-nous une patrie, lorsque l'injuste distribution des pouvoirs publics anéantissait toute liberté et même la sûreté individuelle ?...

« Avions-nous une patrie, lorsque le peuple était

(1) *Fédération du département des Basses-Pyrénées, à Pau.* — Bibl. nat., Lb³⁹/9018, in-8°.

l'aliment du luxe dévorant d'un petit nombre
d'hommes ?...

« Avions-nous une patrie, lorsqu'une ligne de dé-
marcation semblait tracée entre les citoyens d'un
même empire ?...

« Avions-nous une patrie, lorsque l'odieuse féodalité
étendait ses chaînes sur la France entière ?...

« Enfin, avions-nous une patrie, lorsque le droit de
décider de la fortune, de la vie et de l'honneur était
le patrimoine et la propriété de quelques familles ?...
Pour donner une patrie aux Français, il fallait commencer par renverser ce monstrueux assemblage de
tous les genres d'abus et d'oppression accumulés pendant des siècles... »

Puis l'abbé Volflus indiqua les devoirs envers la
patrie, et fit un grand éloge de l'instruction, qui « ré-
générera le caractère national » (1).

L'enthousiasme de fraternité et d'unité qui anima
ces diverses fédérations ne fut ni éphémère ni stérile.
Il y eut des résultats importants et durables. Ainsi, les
haines séculaires qui séparaient quelques communautés d'habitants se trouvèrent abolies. Ce fut un
des effets de la fédération de l'Yonne : elle amena
(1er juin 1790) la sincère et cordiale réconciliation des
habitants de Cravant et de Vermenton, qui, depuis
plus de deux cents ans, avaient rompu toutes rela-

_________

(1) *Procès-verbal de la confédération des gardes nationales
des quatre départements formant ci-devant la province de Bourgogne..., le 18 mai 1790. Dijon, 1790, in-8° de 85 pages.* — Bibl.
nat., Lb 39/8823.

tions les uns à l'égard des autres. Cette réconciliation s'opéra en une fête civique, qui offrit « le spectacle le plus attendrissant ». « Ils s'embrassaient comme de bons frères et pleuraient en se promettant de ne plus former qu'une seule famille (1). »

### III

Je n'ai parlé que de quelques fédérations, quoiqu'il y en ait eu, semble-t-il, dans toutes les régions de la France. J'ai choisi celles dont les procès-verbaux existent imprimés (2), et je ne les ai étudiées qu'au point de vue de l'histoire du patriotisme.

(1) *Les gardes nationales de Saint-Brice, Cravant, Vermenton, etc., à l'Assemblée nationale.* S. l. n. d., in-8°. — Bibl. nat., Lb $^{39}$/3493. — Voir aussi, pour une réconciliation analogue : *Arrêté pris par la garde nationale et par les troupes de ligne en garnison à Brest, pour terminer tous les différends et conserver la paix et l'union.* — Bibl. nat., Lb $^{39}$/3880.

(2) Je n'ai pas trouvé tous ces procès-verbaux à la Bibliothèque nationale, qui, par exemple, ne possède pas d'exemplaire du *Procès-verbal de la fédération faite à Orléans, le 9 mai 1790, entre les provinces de l'Orléanais, de la Touraine, du Nivernais, du pays chartrain,* que Louis Blanc (t. IV, p. 334) a pu lire au British Museum. Il nous manque les procès-verbaux imprimés des fédérations de La Rochelle, de l'Agénois, de Picardie, que Buchez (*Histoire de l'Assemblée constituante,* 2ᵉ éd., t. III, p. 102) semble avoir eus entre les mains. Si on voulait faire une étude complète sur les fédérations, il faudrait rechercher les divers procès-verbaux ou récits manuscrits qui peuvent se trouver dans les archives départementales et communales, ainsi qu'aux Archives natio-

Si intéressantes, si importantes que soient ces fédérations dont j'ai relaté les traits patriotiques, ce ne sont point elles qui provoquèrent l'adhésion de Paris, qui décidèrent Paris à prendre la tête du mouvement et à fédérer enfin tout le royaume en patrie. C'est de Bretagne que Paris reçut l'impulsion décisive. Car ce n'est point la capitale qui imposa l'unité à la France : ce sont les provinces qui commencèrent cette unité spontanément, et qui entraînèrent la capitale, lui imposant, pour ainsi dire, le rôle de directrice.

Voici, du moins d'après les documents publiés, l'origine et le développement des fédérations bretonnes (1).

En octobre 1789, la municipalité de Brest avait envoyé acheter des blés aux environs de Lannion. Des paysans s'opposèrent au départ du convoi. Alors la municipalité de Brest envoya quatre commissaires pour réclamer ce blé aux magistrats de Lannion et

nales, par exemple dans C 120, 121, 189. Dans ce dernier carton, on lira avec intérêt le procès-verbal de la « Confédération générale des gardes nationales des départements du Nord, du Pas-de-Calais et de la Somme, à Lille, le 5 juin 1790 ».

(1) Sur les fédérations bretonnes, voir Duchatellier (*Histoire de la Révolution dans les départements de l'ancienne Bretagne*), t. Ier, et J. Trévédy, *Les deux fédérations de Pontivy*, Vannes et Rennes, 1895, in-8° de 405 pages (Bibl. nat., Lb39/11570). Dans ce dernier ouvrage, il y a des faits intéressants, avec les commentaires les plus passionnés et les plus hostiles à la Révolution. M. Trévédy n'admet pas que les fédérations aient eu de l'importance, parce qu'il y voit l'œuvre d'une minorité. Il ne remarque pas que, dans chaque province, ces minorités ont entraîné l'ensemble du peuple.

demander le jugement des coupables (1). Pour appuyer ces demandes, 1.500 volontaires se mirent en marche sur Lannion. Leur nombre grossit en route. A cette nouvelle, d'autres villes envoyèrent des commissaires à Lannion. Ainsi Carhaix y envoya La Tour d'Auvergne Corret, qui fut depuis si célèbre comme patriote et soldat.

Ces commissaires parvinrent à ramener la paix.

Avant de se séparer, ils « conviennent de resserrer les liens de fraternité qui les unissent, et se promettent en même temps un attachement et une fidélité toujours inviolables ».

Signé à Lannion, le 26 octobre 1789, au nom d'une quinzaine de villes, entre autres Pontivy et Quimper, cet engagement s'appela *pacte fédératif*, et fut en effet une vraie fédération.

Survint la révolte parlementaire. A l'exemple du parlement de Normandie, le parlement de Bretagne, séant à Rennes, refusa d'enregistrer le décret de l'Assemblée nationale qui ordonnait aux parlements de rester ou de se remettre en vacances.

Cette désobéissance, dès le temps même où on

(1) D'une façon générale, on peut dire que la question des subsistances fut pour quelque chose dans l'origine et dans les résultats des mouvements fédératifs. « Ces fédérations, dit justement Buchez, n'eurent pas pour unique résultat une grande manifestation patriotique ; elles eurent encore pour conséquence d'assurer la libre circulation des farines et, par suite, les subsistances. On remarqua que le prix des blés était sensiblement baissé depuis leur établissement. » *Histoire de l'Assemblée constituante*, 2ᵉ édit., t. II, p. 340.

la pressentit, accéléra le mouvement des fédérations.

Le 26 novembre 1789, la municipalité de Quimper décida de provoquer l'extension du pacte fédératif de Lannion à toute la Bretagne (1). Le 30, fut envoyée à toute les municipalités bretonnes une circulaire à cet effet, signée Louis-Marie de Carné, « président de la fédération bretonne », et cet arrêté fut communiqué, par circulaire du 4 décembre, à diverses municipalités du royaume (peut-être à toutes), mais sûrement aux « patriotes » de Strasbourg (2).

Le rendez-vous fut fixé à Pontivy, parce que c'était la ville la plus centrale. Le même jour, les jeunes gens de Quimper signèrent une déclaration où ils invitaient « tous les jeunes citoyens de la Bretagne à renouveler le pacte d'union qui a jusqu'ici servi de sauvegarde contre les mauvais desseins de nos ennemis, et à former une ligue patriotique contre les derniers efforts des magistrats aristocrates » (3).

Le 10 décembre, la municipalité de Ploërmel prit,

(1) Voir cet arrêté dans Duchatellier, t. I, p. 236.
(2) Voir plus haut, p. 157. Nous n'avons pas le texte de cette circulaire. M. R. Reuss, qui nous en fait connaître l'existence (*L'Alsace pendant la Révolution française*, p. 294), nous donne seulement le nom de la qualité du signataire. D'autre part, Duchatellier, t. V, p. 207, publie sur le même objet, et aussi à la date du 30 novembre 1789, une circulaire du « Conseil municipal de Quimper ». Si on étudiait de très près ces incidents, au point de vue de l'histoire de Bretagne, il y aurait ici des précisions à rechercher.
(3) Buchez, *Histoire de l'Assemblée constituante*, 2ᵉ éd., t. II, p. 246.

contre le Parlement de Bretagne et pour demander sa punition, une vigoureuse délibération, d'un style très patriotique. Elle l'envoya à toutes les municipalités du royaume et à l'Assemblée nationale, qui en entendit lecture dans sa séance du 15 décembre. Le 14, les jeunes citoyens de Brest flétrirent et dénoncèrent le Parlement (1).

L'Assemblée manda à sa barre les membres du Parlement de Rennes et, le 8 février 1790, les déclara déchus de leurs droits de citoyens actifs.

Le sentiment du danger que l'insurrection parlementaire avait fait courir à la patrie nouvelle étendit à l'Anjou le mouvement fédératif breton. Angevins et Bretons voulurent faire cause commune contre l'ennemi commun.

C'est alors aussi que la Bretagne fit appel à Paris, pour étendre la fédération à tout le royaume.

Le 8 janvier 1790, l'Assemblée nationale reçut une adresse des volontaires de la garde nationale d'Angers, demandant que « l'association fraternelle des Bretons et des Angevins se propage dans toutes les parties du royaume ».

Le lendemain 0, l'Assemblée des représentants de la commune de Paris reçut une adresse du Comité permanent de la ville de Pontivy, qui lui proposait un serment d'union et de fraternité, et y fit une réponse

_______________

(1) Voir leur adresse dans le *Moniteur* du 5 janvier 1790 et dans Sigismond Lacroix, *Actes de la commune de Paris*, t. III, p. 405.

favorable (1) : « L'Assemblée, dit-elle, s'engage avec vous par le même serment d'union, de fraternité et de confédération que vous prononcez si courageusement pour la liberté, la gloire et le bonheur des Français. »

Mais ces adresses n'auraient pas suffi à entraîner Paris. Plus décisives furent les deux fédérations bretonnes-angevines qui eurent lieu, peu après, à Pontivy.

La première (18 et 19 janvier 1790) ne fut que l'œuvre de quelques jeunes gens (2), mais des journaux parisiens la signalèrent, entre autres le *Moniteur* du 31 janvier 1790, qui reproduisit ce « pacte d'union », ainsi que la formule du serment.

Le patriotisme révolutionnaire, patriotisme libéral, patriotisme unitaire, patriotisme encore et ardemment monarchique, s'y exprime en termes si précis que tout le document est instructif. Le voici :

*Pacte d'union des jeunes citoyens de Bretagne et d'Anjou, assemblés à Pontivy au mois de janvier 1790.*

Jaloux de donner à la patrie de nouvelles preuves d'un zèle qui ne s'éteindra qu'avec nos jours ;

(1) C'est par cette réponse que nous connaissons l'existence et le sens de cette adresse, dont nous n'avons pas le texte. Elle est datée du 18 décembre 1789 et contient l'extrait d'une délibération du 15 du même mois.

(2) « En habit de gardes nationaux », dit Duchatellier, t. I, p. 239. Ils choisirent pour président Moreau, « prévôt de droit de l'école de Rennes et capitaine d'une compagnie d'artillerie de jeunes volontaires de cette ville » (*ibid.*, p. 241) : c'est le futur général des armées de la République. (Voir plus loin p. 273).

Jaloux de déconcerter les projets odieux d'une cabale sans cesse renaissante ; jaloux enfin de voir succéder aux troubles qui nous ont trop longtemps agités une paix durable ;

Nous, jeunes citoyens français, habitants des vastes contrées de Bretagne et d'Anjou, extraordinairement assemblés par nos représentants à Pontivy pour y resserrer les liens de l'amitié fraternelle que nous nous sommes mutuellement vouée, avons unanimement arrêté et arrêtons :

1º De former, par une coalition indissoluble, une force toujours active, dont l'aspect imposant frappe de terreur les téméraires ennemis de la régénération présente ;

2º De vouer à la nouvelle Constitution un respect et une soumission sans bornes, et de soutenir au péril de notre vie les décrets émanés de la sagesse du tribunal auguste qui vient d'élever sur des bases inébranlables l'édifice de notre félicité ;

3º De renouveler au père tendre, au monarque-citoyen qui met sa gloire et son bonheur dans celui de ses peuples, l'hommage respectueux de notre amour ;

4º De ne reconnaître entre nous, malgré la nouvelle division des anciennes provinces, nécessaires à l'administration de l'empire, qu'une immense famille de frères qui, toujours réunie sous l'étendard de la liberté, soit un rempart formidable où viennent se briser les efforts de l'aristocratie ;

5º De nous prêter enfin mutuellement tous les secours qui seraient en notre puissance, sans y mettre d'autres conditions ni d'autres bornes que celles que nous inspirent l'honneur et le patriotisme qui, jusqu'à ce jour, ont dirigé nos démarches, persuadés qu'avec de pareils guides il est impossible de s'égarer.

Et, pour mettre le dernier sceau à nos engagements sacrés, nous arrêtons qu'un serment solennel et public appellera sur nous la protection du dieu de paix, que des cœurs purs invoquent avec confiance.

*Formule du serment prêté le 19,*
*dans l'église paroissiale de Pontivy :*

Jurons sur l'honneur et sur l'autel de la patrie, en présence du dieu des armées, de rester à jamais unis par les liens de la plus étroite fraternité, de combattre les ennemis de la Révolution, de maintenir les droits de l'homme, de soutenir la Constitution du royaume ; et, au premier signal de la guerre, le cri de ralliement de nos phalanges armées sera : *Vivre libres ou mourir !*

La seconde fédération bretonne-angevine de Pontivy, plus sérieuse, plus importante, non par les gestes et les paroles, mais par le personnel, je veux dire par l'âge des manifestants, qui étaient des hommes mûrs, eut lieu le mois suivant, du 17 au 21 février 1790, et, selon l'expression même des fédérés, fut un véritable « congrès patriotique ».

Les Bretons et les Angevins s'y déclarèrent Français, Français avant tout, rien que Français, en ces termes mémorables :

*Pacte fédératif.*

Nous, Français, citoyens de la Bretagne et de l'Anjou, assemblés en congrès patriotique à Pontivy, par nos députés, pour pacifier les troubles qui désolent nos contrées, et pour nous assurer à jamais la liberté que nos augustes représentants et un roi citoyen viennent de nous conquérir ;

Nous avons arrêté et nous arrêtons d'être unis par les liens indissolubles d'une sainte fraternité, de nous porter des secours mutuels en tous temps et en tous lieux, de défendre, jusqu'à notre dernier soupir, la Constitution de l'État, les décrets de l'Assemblée nationale et l'autorité légitime de nos rois.

Nous déclarons solennellement que, n'étant ni Bretons, ni Angevins, mais Français et citoyens du même empire, nous renonçons à tous nos privilèges locaux et particuliers, et que nous les abjurons comme inconstitutionnels.

Nous déclarons qu'heureux et fiers d'êtres libres, nous ne souffrirons jamais que l'on attente à nos droits d'hommes et de citoyens, et que nous opposerons aux ennemis de la chose publique, toute l'énergie qu'inspirent le sentiment d'une longue oppression et la confiance d'une grande force.

Nous invitons et nous conjurons tous les Français, nos frères, d'adhérer à la présente coalition, qui deviendra le rempart de notre liberté et le plus ferme appui du trône.

### *Serment.*

C'est aux yeux de l'univers, et c'est sur l'autel du Dieu qui punit les parjures, que nous promettons et que nous jurons d'être fidèles à la Nation, à la Loi et au Roi (1) et de maintenir la Constitution française. Périsse l'infracteur de ce pacte sacré ! Prospère à jamais son religieux observateur (2) !

Après avoir formé ce pacte et prêté ce serment (21 février 1790), les fédérés bretons-angevins déci-

---

(1) C'est depuis le décret du 22 décembre 1789, fixant la formule du serment, que l'ordre des trois termes, qui dans les Cahiers variait, se trouve fixé ainsi, de manière que le roi vient le dernier.

(2) Nous reproduisons le pacte et le serment d'après le procès-verbal de la fédération qui fut imprimé à part, Bibl. nat., Lb 39/2988, in-8° (pages 25 et 26). On y voit que la minute fut « déposée à la municipalité de Pontivy ». La copie d'après laquelle fut faite l'impression est signée des membres du bureau, à savoir : Le Febvre de la Chauvière, président ; Delaunay l'aîné, vice-président, et des secrétaires. Ce Delaunay est le futur conventionnel, dit Delaunay d'Angers.

dèrent de les communiquer à l'Assemblée nationale et à la Commune de Paris (1). A cet effet, ils envoyèrent à Paris une députation qui, admise à la barre de l'Assemblée le 20 mars 1790 au soir, fut félicitée par le président pour son patriotisme : « Servir la patrie, dit le président, fut toujours un besoin pour des Français, et surtout pour les peuples belliqueux de vos provinces, que le voisinage d'une puissance rivale força si souvent de s'armer pour la gloire et la sûreté de l'Empire. » Quand cette « députation extraordinaire des provinces de Bretagne et d'Anjou », comme elle s'intitulait, demanda à lire son «pacte fédératif », ces mots sonnèrent mal aux oreilles de quelques députés, qui crurent à une manifestation *fédéraliste* et voulurent s'opposer à la lecture. Cette lecture, faite néanmoins, les rassura. Le pacte fédératif reçut « des applaudissements plusieurs fois réitérés ». Le procès-verbal ajoute : « L'un des membres qui avaient voulu en empêcher la lecture a déclaré alors que le motif de sa résistance avait été le nom de pacte fédératif sous lequel avait été présentée la déclaration des députés extraordinaires de l'Anjou et

(1) Ce n'était pas la première fois qu'un appel était adressé par la province à Paris en vue de l'Union. On lit au procès-verbal de la Commune de Paris, à la date du 30 octobre 1789, cet extrait d'une adresse de la ville de Rue (aujourd'hui dans la Somme) : « Nous lions nos intérêts aux vôtres ; ils en sont inséparables, parce que nous sommes persuadés que l'*union des communes* peut et doit seule assurer la puissance et la prospérité de l'Empire français. » Sigismond Lacroix, *Actes de la commune de Paris*, t. II, p. 175-176,

de la Bretagne, mais que les expressions mêmes de cette déclaration, la renonciation formelle au titre de *Bretons* et d'*Angevins* pour confondre toutes les provinces dans le titre commun de *Français*, lui ayant paru anéantir à jamais le système fédératif dont on avait voulu effrayer quelques esprits, il croyait qu'il était de son devoir de rendre particulièrement hommage aux sentiments dont il venait d'entendre l'expression, sentiments essentiellement propres à réunir un seul peuple sous un seul roi. »

Il fut ensuite décrété que le pacte serait « transcrit dans le procès-verbal, imprimé et distribué au nombre de quatre exemplaires à chacun des membres de l'Assemblée pour être par eux envoyé dans les provinces ».

Le 22 mars, la Commune de Paris souscrivit à ce même pacte fédératif : elle invita les districts de Paris à y souscrire (1).

Le 26, elle reçut la députation bretonne-angevine, dont l'orateur déclara que ses collègues et lui remplissaient le vœu de leurs commettants et s'acquittaient d'un devoir « bien cher aux Français de la Bretagne et de l'Anjou » en témoignant « aux citoyens de Paris » leurs sentiments « de reconnaissance et de fraternité ». « Élevés au-dessus du reste des Français par les connaissances et le goût, vous nous avez appris que le courage et le véritable patriotisme peuvent s'allier avec des arts qu'une fausse philo-

(1) Sigismond Lacroix, t. IV, p. 484.

sophie regardait comme destructeurs de toute énergie. Vainqueurs de la Bastille, dépositaires de la nation, nous venons vous offrir notre pacte fédératif, et y joindre l'assurance que nous sommes prêts à marcher à vos côtés, quand la liberté sera en danger, et à conserver ce que vous nous avez si glorieusement conquis (1). »

Le président de la Commune, en réponse, félicita ces « deux provinces très considérables » d'avoir donné « un grand exemple à la France » en formant entre elles « une sainte confédération contre les ennemis du bien public, pour assurer cette liberté qui connaît les bornes prescrites par la loi et qu'autorise la Constitution actuelle de l'État ». Il rappela l'adhésion de la Commune au pacte breton-angevin : « Ainsi, le véritable esprit de patriotisme gagnera de proche en proche ; ainsi commence à se former cette grande chaîne dont vous avez saisi, pour ainsi dire, le premier anneau, et qui réunira, pour leur commun bonheur, tous les peuples de cet empire (2). »

Le 29 mars, la députation bretonne-angevine se présenta à la Société des Amis de la Constitution et lui exprima, par l'organe de Delaunay d'Angers, les mêmes sentiments (3).

(1) Les fédérés laissèrent à la commune copie de leur discours, signé : Le Febvre de la Chaumière ; Delaunay l'aîné ; Le Goff, laboureur ; Courandin de la Noue, conseiller au présidial d'Angers.

(2) Sigismond Lacroix, t. IV, p. 504-505.

(3) *La Société des Jacobins,* par A. Aulard, t. I, p. 58. — Pendant ce temps, le mouvement pour une fédération natio-

nale continuait en Bretagne. Au commencement d'avril 1790
(nous n'avons pas la date du jour), la garde nationale de
Rennes « proposa à toutes les gardes nationales du royaume
d'imiter l'exemple déjà suivi par un grand nombre de départements, et de confondre bientôt toutes les fédérations particulières dans une fédération universelle, contractée sous les
yeux des législateurs de la nation ». Nous empruntons ces
renseignements à l'imprimé intitulé : *Procès-verbal de la fédération faite à Rennes le 23 mai 1790 entre la garnison et la
garde nationale de la même ville.* Rennes, 1790, in-8°. — Bibl.
nat., Lb 39/8850.

# CHAPITRE VIII

## La fédération nationale à Paris

I. La Commune et les districts. Le patriote Charron. — II. Les citoyens de Paris aux Français. — III. Manifestations humanitaires. — IV. Préparatifs de la fédération nationale. — V. La cérémonie du 14 juillet 1790.

### I

C'est ainsi qu'en mars 1790 les Bretons et les Angevins décidèrent Paris à entrer dans le grand mouvement pour former la patrie nouvelle et à prendre la tête des fédérations.

L'arrêté du 22 mars, par lequel la Commune avait invité les districts de Paris à adhérer au pacte de Pontivy, fut exécuté. Les districts envoyèrent leur adhésion, les uns après les autres.

Il en est qui ne se contentèrent pas d'adhérer. Ainsi, le district des Jacobins Saint-Honoré proposa en outre (16 avril) une « confédération générale de toutes les municipalités et gardes nationales du royaume ». Lue dans la séance de la Commune du 22 avril, cette délibération forme le premier en date des projets de grande fédération nationale à Paris.

Cependant la délibération qui eut le plus d'influence et qui amena vraiment l'événement, se trouve être postérieure de deux jours : ce fut celle du district de Bonne-Nouvelle, encore plus précise et plus pressante (18 avril).

Ces grands mouvements populaires, à la fois municipaux et fédératifs, apparaissent, si on les considère dans l'ensemble, anonymes et, en quelque sorte, collectifs. On ne découvre point de chefs qui aient été comme les généraux commandant cette armée de patriotes qui fondait la patrie contre la féodalité et l'ancien régime. Point d'individus illustres, ni même notoires : on dirait une foule qui se conduit elle-même, inspirée par le seul génie du peuple.

Mais, si on y regarde d'un peu près, si on a des éléments pour l'étude détaillée d'un de ces groupements dont la réunion fît alors la patrie, on découvre que le peuple s'y réunit autour d'un individu plus capable, plus énergique, qui prend l'initiative ou qui maintient, en les développant, les résultats acquis, — chef provisoire, chef éphémère, qui d'ordinaire, une fois l'utile besogne du moment accomplie, cède la place à un autre et retombe dans l'oubli.

Dans le district de Bonne-Nouvelle, il se rencontra un de ces individus capables de mener, de diriger, et qui, du milieu d'un petit groupement, se trouva jouer un grand rôle, non seulement dans ce groupement, mais dans la formation fédérative de la patrie française.

Je ne crois pas qu'il soit nommé dans aucune histoire générale de la Révolution.

Il s'appelait Joseph Charron, et il était secrétaire du district. Agé de trente ans, il avait été premier commis des décimes de Paris, contrôleur des domaines de main-morte (1). Il était instruit, même lettré (2). C'est lui qui, en 1791, membre de la Commune pour la section Bonne-Nouvelle, sera chargé par le Corps municipal d'examiner la pétition de Charles Villette pour faire transférer les restes de Voltaire à Paris (3). Cet homme qui, à un moment, joua un rôle important dans l'histoire de Paris capitale était-il Parisien ? On en peut douter, et c'était plus probablement un Champenois. A l'époque du Directoire exécutif, on voit qu'il habitait Châlons-sur-Marne, en qualité de président de l'administration du département de la Marne (4), et il est peu probable que les électeurs eussent nommé à un tel poste un citoyen qui n'eût pas été natif de leur département (5).

C'est Joseph Charron qui fut l'organisateur du mouvement parisien d'idées et l'artisan des moyens pra-

(1) Robiquet, *Le personnel de la Commune de Paris*, p. 360.
(2) En l'an VI, il publia un « poème élégiaque », *Les Cours-Brûlées*, Bibl. nat., Ye 3998, in-8°. — *Les Cours-Brûlées*, c'est une ferme, en Champagne (Marne), où il s'était passé un « fait historique » en l'an IV.
(3) Son rapport au Département à ce sujet, fut imprimé. Bibl. nat., Lb ⁴⁰/173, in-8°.
(4) C'est la qualité qu'il prend dans quelques imprimés. Voir le catalogue général de la Bibliothèque nationale, au mot *Charron*.
(5) En l'an XII, je vois (encore par la liste de ses ouvrages) que Charron était commissaire général de police à Turin. Puis je perds sa trace.

tiques d'où sortit la fédération nationale du 14 juillet 1790, et ce n'est pas une fantaisie d'historien qui me fait dire cela : les contemporains eurent conscience de ce rôle prépondérant de Charron, et on trouvera un éloge très vif de ce rôle dans le *Moniteur* du 19 juin 1790.

Dans le discours que Charron fit à l'Assemblée du district de Bonne-Nouvelle le 18 avril, il y a toute l'idée et tout le programme de la Fédération, telle qu'elle se fit. Si je ne reproduis pas ici ce discours, que Sigismond Lacroix a publié, c'est qu'on en retrouvera tout l'essentiel dans une autre œuvre de Charron, cette « adresse aux Français » qu'on lira plus loin.

Sur la demande de Charron, le district prit, séance tenante, un arrêté pour inviter les 59 autres districts à nommer chacun un député (ce nombre fut ensuite porté à deux) pour préparer « cette fédération immense, qui fera de tous les Français un peuple de frères ». Ces élections eurent lieu aussitôt, et il en sortit une « Assemblée des députés pour le pacte fédératif » (1), dont Charron fut l'âme, et qui tint ses deux premières séances le 29 avril et le 1er mai 1790. Ces députés demandèrent l'hôtel de ville pour y siéger. Le maire Bailly hésitant à leur répondre, ils s'installèrent révolutionnairement à l'hôtel de ville. Alors Bailly acquiesça. Avec La Fayette, il assista à la séance du 8 mai.

Cependant, avec cette activité que Charron avait imprimée à tout le mouvement, les districts délibéraient

(1) Sigismond Lacroix, t. V, p. 273 et suiv.

sur les projets de fédération ; des particuliers soumettaient à l'opinion d'autres projets (1).

Le 15 mai, l'Assemblée des députés pour le pacte fédératif décida que la confédération aurait lieu le jour anniversaire de la prise de la Bastille, le 14 juillet. Le 17, qu'elle aurait lieu à Paris, au Champ-de-Mars. Le même jour, elle adopta le projet d'une adresse : *Les Français de Paris à tous les Français*, projet qui était l'œuvre de Charron, et qui fut revu par trois commissaires : Boutibonne, Pons (de Verdun) et Pastoret. Soumise aux 60 districts, cette adresse fut adoptée par eux le 27.

## II

Ce mouvement si bien dirigé fit cesser toutes les hésitations.

A la séance de l'Assemblée nationale du 4 juin 1790, La Tour du Pin, ministre de la guerre, vint annoncer que le roi avait déjà « autorisé un grand nombre de régiments à participer aux fédérations patriotiques ». Sa Majesté, voulant que « ses intentions soient plus manifestées », a ordonné au ministre de la guerre d'écrire une circulaire à tous les corps de l'armée qui les leur fasse connaître « d'une manière générale et satisfaisante ». « Le roi a remarqué avec satisfaction l'esprit de dévouement à la Constitution, de respect pour la loi et d'attachement à sa personne qui a animé toutes les fédérations, et, comme Sa Majesté y a re-

(1) Sigismond Lacroix, *ibid.*

connu, non un système d'associations particulières, mais une réunion des volontés de tous les Français pour la liberté et la prospérité communes, ainsi que pour le maintien de l'ordre public, elle a pensé qu'il convenait que chaque régiment prît part à ces fêtes civiques pour multiplier les rapports et resserrer les liens d'union entre les citoyens et les troupes. »

Cette adhésion royale au mouvement patriotique des fédérations, accueillie avec joie comme un grand et heureux événement, put faire croire que Louis XVI, redevenu conscient de son rôle historique, se mettait à la tête de son peuple, à la tête de la Révolution.

Le 8 juin 1790, les députés des districts présentèrent à l'Assemblée nationale l'adresse qui était l'authentique expression des vœux de Paris, et que voici tout entière, parce qu'elle est tout entière utile à l'histoire du patriotisme révolutionnaire :

*Adresse des citoyens de Paris à tous les Français.*

Chers frères et braves amis,

« Jamais des circonstances plus impérieuses n'ont invité *tous les Français* à se réunir dans un même esprit, à se rallier avec courage autour de la loi, et à favoriser de tout leur pouvoir l'établissement de la Constitution (1). »

Ce vœu que vient d'exprimer le plus chéri des rois, ce vœu que nous avons tous formé, nous vous proposons de l'accomplir aujourd'hui.

Dix mois sont à peine écoulés depuis l'époque mémorable où, des murs de la Bastille conquise, s'éleva un cri soudain :

(1) Proclamation du roi, du 28 mai 1790 (*Note de l'original*).

*Français, nous sommes libres !* Qu'au même jour un cri plus touchant se fasse entendre : *Français, nous sommes frères !*

Oui, nous sommes frères, nous sommes libres, nous avons une patrie. Trop longtemps courbés sous le joug, nous reprenons enfin l'attitude fière d'un peuple qui reconnaît sa dignité.

L'édifice de la Constitution s'élève ; et contre lui viendront se briser les orages politiques, les efforts de l'intérêt, de l'envie et du temps.

« Nous ne sommes plus ni Bretons, ni Angevins », ont dit nos frères de la Bretagne et de l'Anjou. Comme eux, nous disons : « Nous ne sommes plus Parisiens, nous sommes tous Français. »

Vos exemples nous ont inspiré une grande pensée ; vous l'adopterez ; elle est digne de vous.

Vous avez juré d'être unis par les liens indissolubles d'une sainte fraternité, de défendre, jusqu'au dernier soupir, la Constitution de l'Etat, les décrets de l'Assemblée nationale et l'autorité légitime de nos rois. Comme vous, nous avons prêté ce serment auguste ; faisons, il en est temps, faisons de toutes ces fédérations particulières une confédération générale.

Qu'il sera beau, le jour de l'alliance des Français ! Un peuple de frères, les régénérateurs de l'Empire, un roi citoyen, ralliés pour un serment commun à l'autel de la patrie, quel spectacle imposant et nouveau pour les nations !

Nous irions aux extrémités du royaume nous unir à vous pour cette solennité. Mais c'est dans nos murs qu'habitent nos législateurs et notre roi ; la reconnaissance nous retient et vous appelle auprès d'eux ; nous leur offrirons ensemble, pour prix de leurs vertus et de leurs travaux, le tableau d'une nation reconnaissante, heureuse et libre.

Vous serez avec nous, braves guerriers, nos frères d'armes et nos amis, vous qui nous avez donné l'exemple du civisme et du courage, vous qui avez trompé les projets du despotisme et qui avez senti que sauver la patrie, c'était accomplir vos serments.

Et vous, dont la présence nous eût été si chère, Français

que les mers ou d'immenses intervalles séparent de nous, vous apprendrez, en recevant l'expression de nos regrets, que nous nous sommes rapprochés par la pensée, et que, malgré les distances, vous étiez placés au milieu de vos frères, à la fête de la patrie.

C'est le 14 juillet que nous avons conquis la liberté : ce sera le 14 juillet que nous jurerons de la conserver. Que le même jour, à la même heure, un cri général, un cri unanime retentisse dans toutes les parties de la France : *Vivent la Nation, la Loi et le Roi!* Que ce cri soit à jamais celui de ralliement des amis de la patrie et la terreur de ses ennemis !

De ses ennemis ? Non, Français, la patrie, la liberté, la Constitution n'auront plus d'ennemis, dès que nous aurons environné de toute la force publique ces objets sacrés de notre culte et de notre amour. Alors, tous ces hommes, qui portent encore et semblent chérir leurs fers, s'élèveront à la hauteur de nos communes destinées ; ils aspireront à l'honneur de voir leurs noms inscrits dans ce pacte de famille, monument de notre gloire et garant éternel de la félicité de cet empire.

Nous sommes, avec un attachement inviolable, chers frères et braves amis, vos compatriotes, les citoyens assemblés de tous les districts de Paris,

> LA FAYETTE, commandant général de la garde nationale parisienne ;
>
> BAILLY, maire de Paris ;
>
> CHARON (1), président des députés de la Commune de Paris pour la confédération nationale ;
>
> PASTORET, LAFISSE, secrétaire (2).

(1) Ce nom est imprimé *Charon*, comme il arrive souvent. Si nous avons adopté la forme *Charron*, c'est que c'est la forme qu'on voit aux titres de divers écrits publiés plus tard par Charron lui-même. Il faudrait connaître sa signature : nous ne la connaissons pas.

(2) Suivent de nombreuses signatures.

Cette adresse, résumé éloquent de l'idéal de patrie que l'élite des Français s'était proposé, plaçait l'unité de la nation dans la fraternité, l'appuyait sur la liberté, mettait toute cette révolution sous les auspices du roi, organisait la grande fédération nationale (1).

Le projet fut adopté en principe, et séance tenante, par l'Assemblée nationale, qui le renvoya pour rédaction au Comité de constitution, dont Talleyrand fut rapporteur, et au Comité militaire, dont de Noailles fut rapporteur. Les 8 et 9 juin, le décret fut voté. La fédération était fixée au 14 juillet. Ne devaient y participer que des députés des gardes nationales et des armées de terre et de mer. L'Assemblée ne voulut pas que les fédérés fussent élus par le peuple, ni même par les municipalités. Elle essayait d'atténuer le caractère démocratique du mouvement fédératif, si populaire, où on s'était groupé, non en citoyens actifs, mais en frères (2). En vain Charron protesta. L'Assemblée maintint sa décision. La masse de la nation n'en fut point irritée : n'étaient-ce point les gardes nationales qui avaient pris, presque partout, l'initiative de fédérations ou qui les avaient formées ?

Le 11 juin, Charron et ses collègues furent reçus par

(1) Cette adresse fut accueillie avec enthousiasme dans le département des Pyrénées-Orientales. La garde nationale du district de Perpignan y répondit par une adresse « aux citoyens de Paris », où étaient exprimés « les sentiments de la plus tendre fraternité » et où était glorifié « cet acte d'alliance de la grande famille ». — Bibl. nat., Lb$^{39}$/3549, in-4o.

(2) Voir mon *Histoire politique de la Révolution*, p. 83,

le roi, et des paroles de confiance réciproque furent échangées (1).

Il ne faudrait pas croire que, Paris une fois saisi par les Bretons et les Angevins du projet de confédération générale, les Parisiens aient été seuls à s'en occuper avec zèle. D'autres initiatives provinciales les encouragèrent, montrant ainsi combien le mouvement était national, comme on le voit par les adresses qu'en avril et en mai les communes de Rennes et d'Arras adressèrent à la commune de Paris (2).

Si les Français voulaient ainsi s'unifier en se fédérant, ils voulaient que Paris dirigeât et ordonnât cette unification. Paris devint ainsi capitale dirigeante par le vœu de la France plus encore peut-être (comme nous l'avons déjà dit) que par sa propre initiative. On le voit bien par le fait qu'un grand nombre de villes de provinces avaient demandé l'affiliation, soit à la municipalité de Paris, soit à la garde nationale parisienne (3).

## III

On a vu qu'à la fin de l'Adresse des citoyens de Paris à tous les Français il était question de convertir les « ennemis de la patrie » au patriotisme nouveau. S'il y avait en France de ces ennemis de la patrie, il

(1) Sigismond Lacroix, t. V, p. 736-737.
(2) *Ibid.*, p. 727.
(3) *Ibid.*, p. 730, note 2.

est difficile d'admettre que les Parisiens ne son-
geassent pas aussi aux étrangers. Le patriotisme nouveau débordait donc déjà, comme pour une propagande, hors des frontières du royaume, comme s'il
allait devenir humanitaire.

Quelques jours plus tard, ce patriotisme humanitaire, que l'Adresse des citoyens de Paris ne faisait
qu'annoncer, entra en scène avec un éclat qui est
resté fameux.

Le 19 juin 1790, parut à la barre de l'Assemblée nationale « une députation d'étrangers de différentes
nations de l'Univers, tels qu'Arabes, Chaldéens, Prussiens, Polonais, Anglais, Suisses, Allemands, Suédois,
Italiens, Espagnols, Américains, Indiens, Syriens,
Brabançons, Liégeois, Avignonnais, Genevois, Sardes,
Grisons, Siciliens » (1), chacun avec son costume national. L'orateur de la députation fut le baron allemand Cloots, né à Clèves, dans la Prusse rhénane,
ardent francophile, ardent internationaliste (comme
nous dirions), qui écrivait et parlait la langue française en lettré, avec talent.

Cloots déclara que la solennité du 14 juillet ne serait pas seulement la fête des Français, mais encore la
fête du genre humain. « La trompette qui sonne la
résurrection d'un grand peuple, dit-il, a retenti aux
quatre coins du monde, et les chants d'allégresse d'un
chœur de vingt-cinq millions d'hommes libres ont ré-
veillé des peuples ensevelis dans un long esclavage.

(1) *Procès-verbal de l'Assemblée nationale*, t. XXII, séance du
19 juin 1790, p. 21-22.

La sagesse de vos décrets, messieurs, l'union des enfants de France, ce tableau ravissant donne du souci encore aux despotes, et de justes espérances aux nations asservies. » Les étrangers dont Cloots est l'orateur demandent à participer à la Fédération, « et le bonnet de la liberté qu'ils élèveront avec transport sera le gage de la délivrance prochaine de leurs malheureux concitoyens ». « Les triomphateurs de Rome se plaisaient à traîner les peuples vaincus liés à leurs chars ; et vous, messieurs, par le plus honorable des contrastes, vous verrez dans votre cortège des hommes libres, dont la patrie est dans les fers, dont la patrie sera libre un jour par l'influence de votre courage inébranlable et de vos lois philosophiques. » « Jamais ambassade ne fut plus sacrée. Nos lettres de créance ne sont pas tracées sur le parchemin ; mais notre mission est gravée en chiffres ineffaçables dans le cœur de tous les hommes ; et, grâce aux auteurs de la Déclaration des Droits, ces chiffres ne seront plus inintelligibles aux tyrans (1). »

Quoique le côté droit fît grise et ironique mine à une manifestation où il ne voyait qu'une mascarade

(1) Le discours de Cloots, reproduit par beaucoup de journaux, fut imprimé à part et se trouve, en cette forme, relié avec le procès-verbal. Il est signé « de 35 commissaires de MM. du Comité des étrangers de toutes les nations ». Avenel, *Anacharsis Cloots*, t. I, p. 179 et suiv., a identifié la plupart de ces étrangers. L'Anglais s'appelait Robert Pigott. Des sceptiques de la Droite, croyant que c'était un faux Anglais, lui dépêchèrent un huissier qui lui parla anglais : il répondit, assure Cloots, dans la même langue (*Ibid.*, p. 182).

scandaleuse, le discours de Cloots fut souvent inter-
rompu par des applaudissements, et l'Assemblée nationale accueillit la demande de ces étrangers, dit le
procès-verbal, « par une acclamation générale ».

Certes Cloots exagérait, quand il affirmait que les
peuples adhéraient généralement à la Révolution
française, et cet « orateur du genre humain » n'avait
pas de mandat. Mais les applaudissements qui ac-
cueillirent son discours et l'admission de ces étrangers
à la Fédération montrent que le patriotisme humanitaire était, dès lors, celui de beaucoup de Français.

Un autre incident fait voir qu'un tel patriotisme
avait déjà beaucoup d'adeptes.

Le lendemain, 20 juin 1790, la Société du serment
du Jeu de Paume célébra, par un grand banquet au
bois de Boulogne, l'anniversaire de l'illustre serment
patriotique. On lit dans le procès-verbal de cette fête :
« M. Danton eut le bonheur d'obtenir le premier la
parole, et fit voir qu'il en était digne. Il dit que, le
patriotisme ne devant avoir d'autres bornes que l'Univers, il proposait de boire à la santé, à la liberté, au
bonheur de l'Univers entier. Sa motion fut accueillie
avec l'enthousiasme qu'elle méritait. »

Et il y avait là des révolutionnaires bourgeois,
comme Barnave, assis à côté de révolutionnaires dé-
mocrates, comme Robespierre : tous burent à ce pa-
triosisme aussi large que le monde (1).

(1) Je reprends ici ce que j'ai dit dans ma brochure : *Le
patriotisme selon la Révolution française*, Paris, E. Cornély
(aujourd'hui libr. F. Rieder), 1904, in-12.

Sur un des arcs de triomphe élevés au Champ-de-Mars, le 14 juillet 1790, furent inscrits ces mots : *Les Droits de l'Homme étaient méconnus depuis des siècles : ils ont été rétablis pour l'Humanité entière* (1).

Bientôt un des membres les plus modérés de la majorité de l'Assemblée constituante, Durand-Maillane, écrira que la Constitution décrétée par l'Assemblée nationale « doit faire le bonheur de la France et, à son imitation, celui de tous les peuples » (2).

Ce patriotisme à la fois national et humanitaire semblait donc déjà, au moins à une élite, être la forme même de la Révolution française.


## IV


Le 12 juin 1790, le Conseil de ville et l'Assemblée des députés des sections (3) pour le pacte fédératif nommèrent chacun six délégués. Ces douze citoyens formèrent le Comité de la Fédération ou « Comité fédératif de la Commune », présidé d'abord par le maire Bailly (4), puis par Charron (5).

(1) *Révolutions de Paris*, n° LIII.
(2) *Histoire apologétique du Comité ecclésiastique*, Paris, 1791, in-8 ; p. 48.
(3) Les 60 districts venaient d'être remplacés par 48 sections.
(4) Sigismond Lacroix, t. VI, p. 415.
(5) Cette présidence se trouve indiquée dans le procès-verbal officiel de la Fédération, séance du 13 juillet 1790.

Ce Comité avait à établir le plan et le programme de la cérémonie, et aussi à les exécuter.

La ville de Lyon avait déjà donné, le 30 mai 1790, un exemple de grande fête fédérative, très solennelle, avec cinquante mille manifestants. Les Parisiens prirent là, semble-t-il, les traits essentiels de la cérémonie nationale du 14 juillet 1790, qui ressemble beaucoup aux grandes fédérations régionales. Mais tel était l'esprit de modération antidémocratique qui régnait dans le gouvernement, et même à l'Assemblée nationale, qu'on n'osa pas emprunter aux Lyonnais, pour la fête du Champ-de-Mars, leur « statue colossale de la liberté, tenant d'une main une pique surmontée d'un bonnet phrygien, et de l'autre une couronne civique » (1).

Je ne veux pas refaire le récit, si bien esquissé par Louis Blanc et Michelet, de cette grande fédération nationale, ni tracer, après tant d'autres, le tableau de la journée du 14 juillet 1790 (2) ; je rappellerai seulement ceux des aspects ou épisodes de cet événement illustre qui sont le plus utiles à l'histoire de la patrie et du patriotisme.

(1) Récit de Champagneux, dans le *Courrier de Lyon*, résumé par Buchez, *Histoire de l'Assemblée constituante*, 2ᵉ éd., t. III, p. 195-196. Voir aussi le procès-verbal de cette fédération. — Bibl. nat., Lb³⁹/8894, in-8°.

(2) Les récits de Michelet et de Louis Blanc, fort beaux, sont suffisamment exacts. Il y a deux témoignages contemporains qui sont très détaillés et instructifs : 1° le procès-verbal officiel de la fédération, livret à couverture tricolore distribué à tous les fédérés (1790, in-4°) ; 2° le récit des *Révolutions de Paris*, n° LIII, du 19 au 17 juillet 1790.

Le trait original de la participation des Parisiens au mouvement fédératif, ç'a été la collaboration du public aux travaux de terrassement, dans le Champ-de-Mars, pour les préparatifs de la fête. Ce zèle, forcément désordonné, retarda plutôt l'achèvement des travaux, au déplaisir de la municipalité et du Comité de la fédération, qui essayèrent, par des arrêtés, de décourager les terrassiers volontaires. Mais ce fut une manifestation de fraternité et d'égalité, telle qu'on n'en avait peut-être pas encore vue dans aucune des fédérations régionales ou inter-régionales (1). Pour la première fois, des personnes de toute condition, nobles, bourgeois, ouvriers, dames de la noblesse et de la bourgeoisie, femmes d'artisans, riches et pauvres, se réunirent fraternellement en un travail commun et en une joie commune, piochant, brouettant, chantant la chanson du *Carillon national*, avec le refrain : *Ah ! ça ira, ça ira, ça ira !* et la maxime égalitaire de l'Evangile :

> Celui qui s'élève, on l'abaissera ;
> Celui qui s'abaisse, on l'élèvera.

Parmi tant de témoignages sur ce brusque changement de mœurs, dans une société si hiérarchisée, celui d'Alexandre de Lameth est à citer : « Les femmes les plus distinguées de la société, dit-il dans son *His.*

(1) Cependant, au Havre, le 14 juin 1790, il y eut, dans la Grande rue, un banquet civique auquel prirent part, en une confusion fraternelle, les citoyens de tout rang, de toute condition. Cf. Louis Blanc, t. IV, p. 335.

*toire de l'Assemblée constituante,* se livraient à ce travail patriotique avec une grâce qui redoublait l'enthousiasme. On évaluait le nombre des travailleurs à plus de 250.000 ; et cependant, parmi tant d'individus de classes, de mœurs, d'habitudes si différentes, il ne s'éleva ni le moindre trouble, ni même l'apparence d'une querelle ; un même sentiment remplissait toutes les âmes, une même intention occupait les esprits, une même volonté dirigeait tous les bras. Il serait aussi impossible à ceux qui n'ont pas vu ces jours sans exemple de s'en faire une idée qu'à ceux qui en ont été les témoins d'en retrouver le tableau. C'était un ensemble qui n'avait jamais existé sur la terre avant cette grande époque de régénération politique, avant ces jours d'enthousiasme et de sublime espérance où trente millions d'hommes croyaient préluder par leur propre bonheur au bonheur du monde. Le Champ-de-Mars présentait alors le tableau d'une grande famille. »

C'est ainsi que les Parisiens, en juillet 1790, donnèrent à la France et au monde le plus inattendu et le plus merveilleux exemple d'égalité, appliquant dans les mœurs et élargissant encore le décret par lequel l'Assemblée nationale avait, le 19 juin précédent, aboli la noblesse. Par leur geste fraternel, ils ne servirent pas seulement la cause de la liberté et de l'unité : ils fondèrent aussi la patrie sur l'égalité. Libéral et unitaire, le patriotisme parut devenir aussi, du fait des Parisiens, égalitaire. Les scènes fraternelles du Champ-de-Mars sont comme le point de départ de cet égalitarisme dans les mœurs qui, en 1793 et en l'an II, aboutira au sans-culottisme.

L'élection des députés à la Fédération eut lieu dans toute la France aux derniers jours du mois de juin 1790. Dans chaque commune, les gardes nationaux choisirent six hommes sur cent (1). Ces élus du premier degré, réunis au chef-lieu du district, nommèrent les députés à la fédération à raison d'un homme par deux cents (2). Ce fut une vraie consultation nationale, qui sanctionna populairement les destructions opérées, les mesures de liberté, d'égalité, d'unité, toute la révolution déjà effectuée.


## V


Quant à la fête même où s'acheva le grand mouvement d'unité nationale, le sentiment de l'unité y fut

(1) Quant aux communes où il n'y avait pas de garde nationale, nous savons ce qui se passa dans un district, celui de Baume-les-Dames (Doubs). Ce district décida qu'invitation serait faite « aux municipalités dans lesquelles la garde nationale ne serait point encore formée de députer six sur cent citoyens qui se trouveront en état de porter les armes, afin de n'être pas privées de l'inestimable avantage de concourir à un acte de patriotisme aussi important ». (M. Lambert, *Les fédérations en Franche-Comté*, p. 38.)

(2) Décrets des 8 et 9 juin 1790. Voir, par exemple, le procès-verbal de la nomination des députés du district de Bar-sur-Aube, Bibl. nat., Lb39/9008, in-8°. — Quant à l'armée, chaque régiment députa l'officier le plus ancien, le bas-officier le plus ancien, les quatre soldats les plus anciens. La marine députa d'une manière analogue.

comme embelli par une parure de fraternité enjouée, au ton et au geste vraiment parisiens, et l'accueil cordial fait aux fédérés par le peuple de Paris contribua, plus que toutes les paroles officielles, à fonder dans les âmes le pacte de la patrie.

Ces paroles officielles furent moins chaudes, moins nettes que ne l'auraient souhaité les ardents patriotes réunis au Champ-de-Mars. Les dirigeants, le roi, l'Assemblée nationale, avaient presque peur du mouvement fédératif, comme d'une insurrection. Cependant l'essentiel fut dit, l'essentiel fut fait. Le serment qui fut prêté au Champ-de-Mars, sur un autel de la patrie, et dont l'Assemblée nationale avait décrété la formule, se terminait par l'engagement « de demeurer unis à tous les Français par les liens indissolubles de la fraternité ». Quand le roi eut juré à son tour, « aussitôt, dit le procès-verbal, ont commencé les cris de *Vive le Roi ! Vive l'Assemblée nationale ! Vive la nation !* Et tous les députés, s'embrassant à l'envi, présentaient le touchant spectacle d'une famille de frères qui viennent de se jurer une union indissoluble, une amitié éternelle ».

Les *Révolutions de Paris* firent remarquer aigrement que le cri de *Vive l'Assemblée nationale !* avait été étouffé par le cri de *Vive le Roi !* et vit dans cet étouffement une intrigue ou un complot. La vérité, c'est que les provinciaux, qui n'étaient pas, comme les Parisiens, au courant des défaillances et du mauvais vouloir de Louis XVI, personnifiaient encore la patrie, la Révolution dans le roi, dans ce roi que, l'avant-veille, en leur nom, La Fayette avait salué du nom de *chef des Français* et de *roi d'un peuple libre* (1). Crier *Vive le roi !* c'était pour eux crier *Vive la patrie une et libre !*

Le même journal déplora que Louis XVI n'eût pas pris la peine de quitter sa place pour s'avancer, lui aussi, jusqu'à l'autel de la patrie et pour prêter serment du haut de cet autel. Mais la masse des Fédérés ne prit pas garde à ce détail : elle constata seulement, et avec joie, que le roi présidait la fédération et prêtait le serment civique. S'il y eut des mécontents, on les désavoua ou ils se désavouèrent. Ainsi les fédérés « des ci-devant provinces de Bretagne, Anjou et Dauphiné » se réunirent, le 17 juillet, pour protester contre ceux qui les avaient accusés « d'improuver la manière dont le roi avait prononcé son serment le 14 juillet, par la raison seule qu'il n'avait pas quitté son trône pour aller le prononcer sur l'autel de la patrie » (2).

Les Fédérés firent fête à La Fayette, quand il eut prêté le serment sur cet autel. Ils lui firent même trop fête, au sentiment de quelques patriotes, et le rédacteur des *Révolutions de Paris* écrivit ironiquement : « Après la messe, M. de La Fayette est monté à l'autel

(1) Discours de La Fayette au roi, le 12 juillet 1790, en lui présentant la députation des Fédérés, dans le procès-verbal de la Fédération. Cependant il y a quelque flagornerie courtisanesque dans l'Adresse que les fédérés de l'Ain envoyèrent au roi, avant de quitter Paris (Bibl. nat., Lb³⁹/9158, in 8°). Ils y louèrent même « l'auguste princesse qui participe avec vous à l'éclat du trône ».

(2) Voir cette protestation imprimée. Bibl. nat., Lb³⁹/9159, in-8°.

et a prononcé les paroles du serment qui a été prêté par les Fédérés. Aussitôt dix mille d'entre eux se sont élancés vers lui : les uns lui baisèrent le visage ; les autres, les mains ; d'autres, l'habit. Ce ne fut qu'avec beaucoup de peine qu'il parvint à remonter à cheval. Alors tout fut baisé : ses cuisses, ses bottes, les harnais du cheval et le cheval lui-même. » Le journaliste se moque. Mais en embrassant ainsi La Fayette, « major général de la fédération », héros de la guerre d'Amérique, un des chefs de la révolution parisienne, aucun des Fédérés ne fît acte de courtisan, aucun d'eux ne songeait à donner un dictateur à la France : c'est la Liberté même qu'il leur semblait embrasser, dans une sorte d'ivresse patriotique et avec la pétulance gaie des Français.

Au Champ-de-Mars, la messe avait été, dit le procès-verbal, « célébrée par M. l'évêque d'Autun, au son de 1.800 instruments ». C'est aussi une messe solennelle qui, à Lyon, avait inauguré la fête fédérative, et il en avait été de même ailleurs. Cette cérémonie catholique n'eut pas, comme à Strasbourg (1), une contre-partie philosophique. De même qu'ils voulaient encore un roi, les Français voulaient encore une religion nationale. Leur patriotisme, en 1790, n'était pas seulement monarchique, mais on le voyait ou il se croyait catholique.

Cependant, cet autel de la patrie, sur lequel fut prêté le serment fédératif, et dont Paris emprunta l'usage à

(1) Voir plus haut, p. 165.

la plupart des fédérations qu'on avait vues depuis le commencement de l'année 1790, cet autel de la patrie qui, dans la physionomie de ces fédérations avait été le trait original, n'avait ni la forme ni la destination d'un autel catholique. J'y vois un autel nouveau pour un dieu nouveau. Ce dieu, c'était la patrie. Une religion (1), la religion de la patrie, alliée alors à la religion catholique et qui semblait s'y mêler, commençait à naître, sans peut-être que ses sectateurs en eussent tous pleine conscience. Superposée, en quelque sorte, à l'ancienne religion, elle ne s'en séparait pas alors, mais elle s'en séparera, quand les ministres de la religion catholique paraîtront se tourner contre la patrie nouvelle, et ce sera l'époque du culte de la Raison, du culte de l'Etre suprême, du culte décadaire.

Quant à la grandiose cérémonie qui s'accomplit au Champ-de-Mars, le 14 juillet 1790, et dont les critiques de quelques Parisiens (2) n'effacèrent pas l'éclat, ne

(1) Michelet a salué et glorifié cette « religion nouvelle » en des pages célèbres.

(2) Marat alla jusqu'à écrire : « Le pacte fédératif, objet de tous les transports de tous les bons Français, n'a jamais été à mes yeux qu'un moyen d'asservissement, dont les suites funestes ne tarderont pas à se faire sentir. » *Ami du peuple*, nº CLXVIII, cité par Buchez, *Histoire de l'Assemblée Constituante*, 2ᵉ éd., t. III, p. 280. — Les contres-révolutionnaires, en face de la Fédération, affectèrent un dédain où il y avait de la colère et de l'effroi : « A-t-on espéré, écrit Calonne en octobre 1790 (*Etat de la France*, p. 415), de se rehausser dans l'opinion par l'appareil pompeux d'une confédération qu'on croit avoir rendue générale, parce qu'au milieu d'une fête, qu'il n'a pas été difficile de rendre très nombreuse, trente mille suppôts de l'Assemblée usurpatrice ont prêté, en pré-

diminuèrent pas l'importance, si elle fut un grand événement historique, c'est parce que l'unification morale de la France, s'y glorifiant elle-même, cimenta l'unité administrative, l'unité politique, que des lois venaient d'établir.

Quand Bailly, maire de Paris, salua les Fédérés à leur départ (22 juillet 1790), il fit paraître pleine conscience du vrai sens, de la vraie importance de la fête de la Fédération, qu'il appela « cérémonie auguste et imposante, la plus grande, la plus touchante qui puisse être citée dans l'histoire du monde » (1). Et il montra bien la conséquence de l'événement en exprimant ce vœu du patriotisme unitaire : « Puissent ces sentiments lier toujours tous les Français, et circuler sans cesse et de Paris aux départements et des départements à la capitale ! »

sence de quatre cent mille curieux, un serment inutile, et qui n'ajoute rien aux engagements naturels et indélébiles de tous les Français ? »

(1) Procès-verbal de la Fédération.

# CHAPITRE IX

## La fédération nationale dans les départements



## I

Ce qui permet de dire qu'en cette journée du 14 juillet 1790, l'unité de la patrie fut fondée, ainsi que le patriotisme nouveau, c'est que la nation ne se borna pas à consacrer son unité dans la cérémonie parisienne, au Champ-de-Mars et par ses délégués : en même temps elle y participa directement et unanimement par des manifestations locales.

Les « citoyens de Paris », dans leur « adresse à tous

les Français » (1), avaient dit : « Que le même jour, à la même heure, un cri général, un cri unanime retentisse dans toutes les parties de la France : *Vivent la Nation, la Loi et le Roi!* »

A cette adresse, transmise à tous les districts pour être distribuée aux municipalités, était jointe une « Instruction », où on lisait : « Tous les citoyens du royaume voudront, sans doute, s'unir personnellement au pacte auguste et solennel que la nation va contracter. Ce sera le 14 juillet, à l'heure précise de midi, que le signal de la cérémonie sera donné à Paris. La commune de Paris invite toutes les municipalités du royaume à rassembler, le même jour et à la même heure, leurs communes respectives, conjointement avec les troupes de ligne qui se trouveront dans leurs arrondissements, afin que le serment fédératif soit prononcé de concert, et au même instant, par tous les habitants et dans toutes les parties de cet empire (2). »

La France obéit à cette invitation de Paris, devenue ou redevenue sa capitale, vraiment la tête du corps, la tête dirigeante et commandante.

Elle y obéit avec allégresse et enthousiasme.

Je n'ai pas rencontré un registre de délibérations municipales où ne soit mentionnée une fête patrio-

(1) Voir plus haut, p. 191.
(2) Page 12 de l'imprimé intitulé : *Confédération nationale. Adresse des citoyens de Paris à tous les Français.* — Bibl. nat., Lb³⁹/3507, in-4°.

lique à la date du 14 juillet 1790. S'il y eut des abstentions, je ne les connais pas (1).

Le synchronisme fut parfait. Même cette heure de midi, indiquée par la commune de Paris, fut généralement observée. Ainsi le procès-verbal de la fédération de Toul relate que « M. le maire a fait donner, par un coup de canon, le signal de midi », et que ce signal fut celui de la prestation du serment (2). A Saint-Dié, on allait le prêter à midi juste, quand la pluie se mit à tomber. On dut s'abriter à l'église, où le serment fut prêté, avec peu d'instants de retard (3). A Romans, c'est « à midi sonnant » qu'on fit faire silence. A Etoile, le serment fut prêté « à midi juste ».

Ainsi le pacte de la patrie nouvelle fut juré dans toute la France le même jour, et à peu près à la même heure.

De notre temps, il y a de ces simultanéités, comme lorsque tous les électeurs votent le même jour et aux mêmes heures. Alors, dans ce royaume, la veille encore si divisé par tant de barrières et d'obstacles, composé de peuples que, la veille encore, des préjugés ou même des antipathies séparaient, c'est la première fois qu'un sentiment commun s'exprimait

(1) Évidemment, il faudrait avoir dépouillé tous les registre communaux pour affirmer qu'il n'y eut absolument aucune abstention. Même après ce dépouillement, on ne pourrait affirmer sans réserve, puisque des registres ont disparu.

(2) Bibl. nat., Lb$^{39}$/9147, in-8°.

(3) Bibl. nat., Lb$^{39}$/9143, in-8°.

au même moment. Et quel sentiment ! Quel acte ! Le patriotisme nouveau, la formation de la France une et indivisible, de la France libre et fraternelle.

## II

Dans tous les procès-verbaux ou récits authentiques de ces fêtes, c'est le même patriotisme unitaire que dans les fédérations antérieures. Le sentiment de l'unité s'y exprime en termes plus fraternels encore, et le ton est plus victorieux : car il ne s'agit plus d'une unité à conquérir, mais d'une unité conquise.

C'est une fraternité joyeuse, qui se manifeste par des chants et des danses.

Ainsi quand, à Etoile (Drôme), on refit ce jour-là, plus ample et plus belle, la fédération qu'on avait déjà faite le 29 novembre 1789 (1), « cette fête, à jamais mémorable pour ce bourg, s'est terminée par un feu de joie et une illumination générale, qui a duré toute la nuit ; les citoyens, en général, de tout sexe, après avoir fait plusieurs farandoles au son des instruments, se sont retirés pour se reposer et re-

______

(1) «... Nous glorifiant, devant les citoyens de Romans, d'avoir été les premiers Français qui aient juré sur leurs armes de soutenir leurs décrets (les décrets de leurs représentants) dans la fédération qui a eu lieu en notre plaine, le 29 novembre 1789... » Non : ils n'avaient pas été les premiers Français à se fédérer, mais ils le croyaient. Voir plus haut, p. 163.

prendre demain leurs travaux de campagne avec courage et allégresse, sous une Constitution qui leur assure la liberté, regrettant que leur fortune et les pressants travaux de la campagne ne leur aient pas permis de célébrer cette auguste fête pendant plusieurs jours et avec plus de pompe » (1). A Romans, ce furent aussi des danses (2). A Confolens (Charente), il y eut un banquet fraternel en plein air, au Champ-de-Mars : « Là, comme amis, là comme frères, on s'est abandonné à la joie la mieux sentie. La gaîté franche animait les convives, qui n'avaient d'autre table qu'un tapis de verdure. Plusieurs santés ont été portées à notre bon roi, à nos augustes représentants, à nos amis La Fayette et Bailly, à nos frères de Paris et à tous nos frères qui couvrent l'Empire français. On a chanté des couplets analogues, et la danse a comblé l'allégresse. Pendant toute cette fête, qui a duré jusqu'à minuit, l'union la plus intime et la fraternité l'a plus amicale ont dirigé les plaisirs des soldats citoyens de Confolens (3). »

A Navarrenx (Basses-Pyrénées), « l'union des Français fut célébrée » avec « un patriotisme aussi pur qu'unanime ». « L'harmonie la plus parfaite, l'effusion de la fraternité la plus cordiale se firent remarquer dans ce pacte sacré (4). »

(1) Arch. nat., C, 121. — Michelet avait déjà cité ce passage, mais non textuellement.
(2) Arch. nat., *ibid.*
(3) Arch. nat., C, 120.
(4) Arch. nat., C, 121.

A Toul, « tous les citoyens et citoyennes, sans distinction, ont formé des danses pendant la soirée et une partie de la nuit, avec tous les témoignages de l'allégresse et de la franche cordialité (1) ».

A Chéroy (Yonne), « la garde nationale, les officiers en tête, la municipalité et les notables, le prieur, le clergé se mêlèrent sans distinction avec leurs frères. Beaucoup d'étrangers demandèrent à partager le plaisir de la fête et furent accueillis ; le repas fut d'une gaîté touchante ; la décence et l'honnêteté y présidaient, pas un seul ne s'échappa (*sic*), mais on vit couler des larmes de joie que ne put retenir cette multitude avilie, autrefois, et qui est capable de sentiments si tendres. Vers la fin, on chanta pour ranimer la joie, et elle se soutint toujours avec la même urbanité. Tous furent satisfaits ; on desservit, le bal commença et se prolongea bien avant dans la nuit, ou plutôt il n'y eut pas de nuit, car une illumination générale nous avait rendu à peu près la clarté d'un beau jour, de ce jour qui a réuni tous les cœurs et que nous ferons reparaître tous les ans avec un nouveau plaisir » (2).

A Saint-Jean-de-Gardonnenc, dit le procès-verbal, « on chanta, on s'embrassa, on se réconcilia, tous ceux qui se trouvaient brouillés (3) ».

(1) *Procès-verbal de la fédération de... Toul.* — Bibl. nat., Lb⁴⁰/9147, in-8°.

(2) *Relation de la fête du pacte fédératif à Chéroy, le 14 juillet 1790.* — Bibl. nat., Lb³⁹/9137, in-8°.

(3) Arch. nat., C. 121. — A ma connaissance, une seule de

## III

Comme dans les précédentes fédérations régionales et comme dans la fédération du Champ-de-Mars, ce ne fut pas seulement le patriotisme unitaire et fraternel qui se glorifia, qui triompha : ce fut aussi, et partout, un patriotisme libéral et égalitaire.

En termes plus ou moins éloquents, mais toujours clairs, les procès-verbaux des fédérations de villages, comme les procès-verbaux des fédérations de villes, fondent la patrie sur la liberté et l'égalité.

Ainsi Bicquilley, maire de Toul, s'écrie dans son discours à la fédération : « Nos fers sont brisés. Nous n'avons plus de maîtres que les lois. » Et il ajoute : « Reprenons avec la liberté l'attitude et le caractère d'un peuple digne d'avoir une patrie. »

A la fédération de Romans, le procès-verbal dit qu'on « admirait partout », non seulement « les em-

ces fêtes fédératives fut troublée par un acte de violence. C'est à Gémenos (Bouches-du-Rhône). M. d'Albertas, ancien premier président de la Cour des comptes, y offrait un repas civique dans son parc. Un nommé Anicet Martel le tua d'un coup de couteau. Mais le meurtrier déclara que c'était « pour satisfaire une haine particulière », qu'il y avait sept ans qu'il nourrissait ce projet. Le 2 août 1790, un arrêt du parlement de Provence, rendu en chambre des vacations, condamna Anicet Martel à être roué vif. Voir *Relation de l'horrible assassinat commis sur la personne de M. d'Albertas père*. — Bibl. nat., Lb¹⁹/9139, in-8°.

blèmes de l'égalité et de la concorde », mais ceux de la liberté et de l'égalité. « La France confédérée, dit le maire de Romans, célèbre en ce jour l'anniversaire de la conquête de sa liberté. » « Egaux en droits, anoblis par les sentiments, les Français, éclairés par l'auguste Sénat, ont reconnu qu'il n'est de distinctions sociales légitimes que celles qui sont fondées pour l'utilité commune ». Les fédérés de Saint-Maurice-des-Lions (Charente) s'écrient : « Français, nous sommes libres ! Français, nous sommes frères (1) ! »

Dans tous les procès-verbaux, on trouverait des traits analogues en l'honneur de la liberté et de l'égalité.

Libéraux et égalitaires, ces fédérés sont encore monarchistes, et il n'y a guère de procès-verbal où ne se rencontre un éloge de Louis XVI, que l'on compare parfois à Henri IV. Ainsi, dans la fédération de Romans, il y avait des inscriptions en l'honneur du « roi-citoyen », du « meilleur des rois », du « restaurateur de la liberté française », du « digne successeur de Henri IV ». Mais ce n'est plus le même enthousiasme royaliste qu'à l'époque de la convocation des Etats généraux et que dans les cahiers. Plus d'un fait a inspiré, au moins aux Français instruits, des doutes sur la sincérité de Louis XVI. Il semble que dans le cœur des Français, comme dans la formule de serment décrétée par l'Assemblée nationale, le

_______________

(1) Arch. nat., C, 120.

roi ne vienne qu'en troisième ligne, après la nation et la loi (1).

Unitaire, fraternel, libéral, égalitaire, le patriotisme, qu'à Paris on avait vu humanitaire ou cosmopolite en juin 1790, dans la bouche de Cloots et de Danton, reste exclusivement français en toutes ces fédérations, aussi bien dans celle du Champ-de-Mars que dans les autres. En train de fonder la patrie nouvelle, les fédérés ne voyaient pas encore sa place dans le monde.

Ce patriotisme eut une forme religieuse. Comme à Lyon, comme à Paris, un autel de la patrie fut élevé dans toutes les villes et villages dont j'ai lu les procès-verbaux.

Cet autel n'a point partout la même figure, les mêmes ornements. A Etoile, c'est « un autel à quatre façades, de vingt pieds de hauteur, surmonté d'un dôme de trente pieds, orné de feuillage, guirlandes et devises analogues à la fête ». A Confolens, « cet autel, de forme carrée, où l'on montait par plusieurs marches, était surmonté d'un dôme, aussi carré, soutenu par quatre colonnes ornées de guirlandes ; au milieu du dôme était suspendue une couronne de fleurs champêtres ; sur la façade, on voyait un faisceau d'armes : de ce faisceau sortait un sabre à la nation, sur la pointe duquel était placé le bonnet de

(1) A Romans, à l'église, le jour de la fédération, au *Domine, salvum fac regem*, on ajoute : *salvam fac gentem*. A Confolens, on ajoute aussi : *Domine, salvos fac legatos*.

la liberté, et, par-dessus, on lisait ces mots écrits : *Nous jurons d'être libres* (1). » A Maubec (Isère), on prête serment sur « un autel champêtre, surmonté d'un baldaquin » (2). A Toul, c'est « un autel surmonté d'un obélisque chargé d'inscriptions et d'emblèmes patriotiques ».

Cet autel, comme le montrent sa figure et ses ornements, est pour le culte de la patrie, et non pour le culte catholique.

Ce n'est point à l'église que se dresse l'autel, c'est sur une place de ville ou dans une prairie.

S'il arrive que le serment patriotique soit prêté dans une église, c'est que la pluie a forcé les manifestants à chercher un abri dans le seul édifice qui fût suffisamment vaste pour les contenir. Ainsi à Saint-Maurice-des-Lions (Charente), on se rendit à l'église paroissiale, « lieu adopté pour la cérémonie, attendu l'impossibilité où une pluie constante a mis de l'exécution en pleine campagne, où l'autel de la patrie était préparé la veille ». En ce cas, improvisa-t-on, dans l'église, l'érection d'un autel à côté ou en face de l'autel catholique ? Ou prêta-t-on le serment sur l'autel catholique, devenu, pour l'instant, autel de la patrie ? Le procès-verbal de la fédération de Saint-Dié, après avoir constaté qu'à midi une pluie subite força les fédérés à s'abriter, ajoute : « Il parut à toute l'Assemblée que la divinité l'avait obligée, par le

(1) Arch. nat., C, 120.
(2) Arch. nat., C, 121.

mauvais temps, à se former dans son temple, pour y réunir son autel à celui de la patrie, et y rendre encore plus sacré le serment qui allait se prononcer. » Ces expressions ne nous font pas savoir clairement s'il y eut, ce jour-là, deux autels, l'un catholique, l'autre civil, dans l'église de Saint-Dié : elles marquent cependant que, dans l'esprit des contemporains, les deux autels ne se confondaient pas.

## IV

Ces deux autels ne sont pas ennemis, et les deux religions, la nouvelle et l'ancienne, gardant chacune son existence distincte dans le cœur comme dans la réalité, s'offrent au public en une attitude de concorde.

Ainsi, en beaucoup d'endroits (par exemple, à Romans), il y eut deux cérémonies, l'une catholique, dans l'église, l'autre civile, patriotique, au dehors, et c'est après avoir entendu la messe que les Fédérés se rendirent à l'autel de la patrie.

Il arrive aussi, en quelques endroits (mais un de ces endroits est illustre, c'est Paris), qu'une messe est célébrée sur l'autel même de la patrie (1), qui, cepen-

(1) A Angoulême, cette messe sur l'autel de la patrie fut « entendue avec tout le recueillement possible par les Confédérés, qui, fidèles à la religion de leurs pères, joignaient à l'amour de la patrie le respect dû à la Divinité ». Arch. nat., C, 120.

dant, ne perd que pour ce moment-là son caractère civil, ou plutôt c'est un hommage de bienveillance rendu par l'ancienne religion à la nouvelle, dont l'autorité naissante est irrésistible (1).

Presque partout, le clergé catholique participe à la fête laïque, avec amitié, parfois avec enthousiasme.

A Paris, c'est l'évêque Talleyrand qui dit la messe sur l'autel de la patrie. A Saint-Dié, l'évêque, M. de Chaumont, participe « à la cérémonie du serment », chanta lui-même un *Te Deum*.

Il est peu de procès-verbaux qui ne relatent un discours patriotique prononcé par un abbé ou par un moine. Ainsi à Sainte-Foy (Gironde), un moine récollet s'écrie : « Aujourd'hui, d'un bout de l'Empire à l'autre, l'union, la paix, l'amour de la patrie, règnent parmi les Français (2). » A Saint-Cloud, un vicaire tonne contre l'ancien régime, qu'il compare à la captivité d'Egypte : « ...Il est vrai que nous n'avons pas demeuré captifs, comme les Israélites, chez une nation étrangère ; mais combien nous étions esclaves au sein de notre patrie ! La France n'était remplie que de Pharaons barbares et de citoyens chargés de

(1) Cependant, cette religion du patriotisme ne va pas (du moins dans les documents que j'ai vus) jusqu'à célébrer des baptêmes laïques sur l'autel de la patrie, comme cela s'était fait à Strasbourg. Voir plus haut, p. 165.

(2) *Discours prononcé à l'assemblée de Sainte-Foy, le 14 juillet 1790, par le père Yrénée Joncard, gardien des Récollets et aumônier de la garde nationale.* — Bibl. nat., Lb³⁹/9145, in-8°.

fers. Point de cité qui n'eût ses tyrans, point de bour-
gade qui n'eût ses despotes (1) ». A Maubec (Isère), un
abbé célèbre « nos campagens vivifiées par la faux qui
a abattu tous les privilèges » (2).

Je ne dis pas qu'en tout lieu, tout le clergé ait ainsi
participé aux fédérations, juré le pacte nouveau de
la patrie, adhéré, pour ainsi dire, à la religion nouvelle, à la religion de la patrie. Le haut clergé, sauf
les exceptions qu'on a vues, s'abstint. Les évêques
étaient, pour la plupart, gentilshommes et faisaient
cause commune avec les partisans de l'ancien régime.
La patrie nouvelle les inquiétait comme privilégiés. Il
est probable que plus d'un ecclésiastique sentit quels
périls cette naissante religion civile pouvait faire
courir à la foi chrétienne. Ces, abstentions et ces
craintes furent silencieuses, car le mouvement patriotique était si fort que personne n'aurait osé ou pu
le contrarier. Au contraire, les adhésions et participa-
tions du clergé aux fédérations furent éclatantes et
applaudies. On crut que la religion catholique faisait
un pacte avec la religion de la patrie, et les Français
eurent plaisir à se sentir à la fois bons patriotes et
bons catholiques.

La tolérance religieuse s'affirma dans ces fédérations du 14 juillet 1790, comme elle s'était déjà
affirmée dans les fédérations précédentes. Catho-

---

(1) *Discours patriotique prononcé à Saint-Cloud, le jour de la
fédération, par M. Arnould, aumônier de la garde nationale
depuis quinze ans.* — Bibl. nat., Lb³⁹/9142, in-8°.
(2) Arch. nat., C, 121.

liques et protestants parurent se réconcilier. Ainsi, à
Saint-Jean-du-Gardonnenque (Gard), « le curé véné-
rable de cette paroisse, dit le procès-verbal, monta
pour lors sur le marche-pied de l'autel et se plaça à
la droite de M. le maire, tandis que le digne pasteur
protestant occupait la gauche. Après qu'ils eurent
prêté l'un et l'autre l'auguste serment avec le ton le
plus énergique de la sincérité, M. le curé, accompagné
de la musique, entonna une hymne à la liberté, qu'il
avait composée la veille et dans laquelle il exprima
des pensées fortes et patriotiques, la tolérance la plus
digne de son cœur et de la philosophie du siècle...
L'allégresse publique lui témoigna hautement, par
des battements de mains réitérés, le cas que l'on
faisait de ses principes, ainsi que de la manière noble
et touchante avec laquelle il les avait exprimés. Après
quoi, le curé et le ministre s'embrassèrent cordiale-
ment (1). » « M. le maire invita ensuite la commune,
dont les quatorze quinzièmes des membres sont protestants, à se rendre processionnellement à l'église
pour y rendre grâce en commun à l'Etre suprême et y
chanter un *Te Deum* solennel, ce qui fut exécuté avec
un ordre et une décence admirables, avec accompagnement de la musique et une double décharge de la
mousqueterie de la légion, le pasteur protestant
occupant la première place dans le chœur. » « C'était
vraiment un spectacle digne d'un bon citoyen et d'un
vrai philosophe, que de contempler, pour la première

_______

(1) Arch. nat., C, 121.

fois, une réunion de sentiments, de concorde et d'humanité parmi ceux mêmes qui peuvent être encore légèrement divisés d'opinions religieuses, et surtout de voir deux pasteurs de communions différentes s'embrasser fraternellement, et les autres citoyens des deux religions suivre un aussi bel exemple. »


## V


Les décrets de l'Assemblée nationale avaient borné les fédérations aux gardes nationales et à l'armée. En réalité, dans les départements comme à Paris, c'est l'ensemble de la population qui célébra la fête de la patrie, et cette fête eut ainsi, en dépit des décrets, un caractère plus civil que militaire.

Cette union des Français en patrie ne fut point l'œuvre des hommes seuls, des seuls citoyens, soit actifs, soit passifs. Toute la famille y participa, hommes faits, femmes, vieillards, enfants.

Les femmes, que nous avons vues participer parfois aux fédérations précédentes, jouèrent, presque partout, un rôle considérable dans les fédérations du 14 juillet 1790.

Ainsi, à Saint-Dié, « plusieurs dames et demoiselles demandèrent d'être admises au serment fédératif qui allait lier indissolublement tous les Français et en former une grande famille. » L'une d'elles, au nom de toutes, fit un discours pour célébrer « tous les citoyens réunis en une seule famille ».

A Romans, « les femmes, vêtues d'étoffes nationales, étaient ornées de rubans aux trois couleurs, signe extérieur du patriotisme qu'elles renferment dans leur cœur. Plusieurs mères portaient dans leurs bras les enfants qu'elles allaitent et venaient sur l'autel de la patrie les consacrer à la nation, dont ils sont l'espérance ». On voyait « une jeune fille, tenant une palme à la main, avec cette inscription : *La palme au meilleur citoyen* ».

A Saint-Jean-du-Gardonnenque (Gard), « les citoyennes brûlaient de prendre part aux mêmes engagements et leur impatience paraissait jusque dans leurs regards. Enfin, leur tour étant arrivé, elles défilèrent en bon ordre, avec leurs enfants, entre une double haie de soldats ; et l'épouse du maire, s'approchant de la municipalité, ses enfants à la main, elle lui adressa quelques vers par lesquels, outre le serment civique ordinaire, que des femmes pouvaient prêter, et celui d'exhorter sans cesse leurs maris à verser jusqu'à la dernière goutte de leur sang, s'il le fallait, pour l'honneur et la défense de la patrie, elle consacra, avec attendrissement, au nom de ses compagnes, tous leurs enfants à la nation, en jurant de les élever dans les principes de la Constitution et dans l'amour et la soumission la plus entière pour les dignes représentants, auxquels nous en sommes redevables, pour la loi, dont ils ont dicté et dicteront à l'avenir les oracles, ainsi que pour le vertueux monarque qui préside également au bonheur de la France ; finissant enfin par promettre de graver dans ces jeunes cœurs cette maxime patriotique : Vivre libre ou mourir, il n'est plus d'autre sort ».

A Maubec (Isère), les femmes prêtèrent le serment patriotique, et les « femmes citoyennes » y ajoutèrent « celui d'élever leurs enfants, nés ou à naître, dans l'amour et l'attachement à la Constitution nouvelle ».

Souvent, dans ces fédérations, les vieillards sont placés à part, avec honneur.

Les enfants défilent, à Romans, « vêtus en étoffes de soie aux trois couleurs ». L'un d'eux, âgé de dix ans, fait un discours en leur nom, et offre une couronne de chêne au maire, qui les harangue.

A Romans aussi, toute la famille forme le centre même du cortège, par la disposition suivante : « Les sapeurs de la garde nationale en tête, toutes les troupes rangées sur deux lignes assez éloignées l'une de l'autre pour recevoir, dans l'espace qui les séparait : 1° les jeunes filles rangées de deux à deux ; 2° les jeunes garçons ; 3° les mères de famille ; 4° enfin les ecclésiastiques et les vieillards, tous aussi rangés de deux à deux. » Ailleurs, par exemple à Saint-Jean-de-Gardonnenque, les hommes armés marchent en tête ; les civils, hommes et femmes, viennent ensuite.

C'est ainsi que la famille entière se donna à la patrie nouvelle ; c'est ainsi que les Français, sans distinction de sexe ou d'âge, participèrent aux fêtes fédératives, jurèrent le pacte national ; c'est ainsi que le patriotisme, né spontanément d'un mouvement d'amour et d'union, devint, surtout peut-être par l'adhésion des femmes, une religion.

## VI

J'ai emprunté à quelques procès-verbaux, inédits ou publiés, les traits qui m'ont paru le mieux faire connaître le patriotisme nouveau. Je crois qu'on me saura gré de reproduire ici, en entier, un de ces procès-verbaux. C'est celui d'une petite commune rurale, Saint-Maurice-des-Lions, près Confolens (Charente). On y verra, par un exemple où il n'y a rien d'extraordinaire, comment les choses se passèrent dans les campagnes :

Aujourd'hui 14 juillet 1790, onze heures du matin, en exécution du décret de l'Assemblée nationale du 8 juin dernier, portant qu'il y aura une fédération générale de toutes les gardes nationales du royaume, et conformément à l'invitation faite aux Français par l'Adresse des citoyens de Paris et l'instruction y annexée, qui indique une manière uniforme d'exécuter cette auguste cérémonie, le Conseil général de la commune de Saint-Maurice-des-Lions, qui avait été prévenu, tant par la lecture au prône desdits décrets et adresse, ensemble des pièces y jointes, que par affiche et publication d'iceux et encore par une instruction particulière de M. le maire, s'est extraordinairement assemblé à l'hôtel municipal. Aussitôt la garde nationale s'est rangée sur la place de la Commune, et, ayant par députation invité Messieurs du Conseil général de la Commune à se joindre à elle, les différents corps civils et militaires se sont mis en marche, pour se rendre à l'église paroissiale, lieu adopté pour la cérémonie, attendu l'impossibilité où une pluie constante et violente a mis de l'exécuter en pleine campagne, où l'autel de la patrie était préparé la veille. La municipalité marchait entre les

deux divisions de la garde nationale, de manière que M. le
maire était à côté des drapeaux, portant dans une corbeille
le journal complet des décrets de l'Assemblée nationale.
Arrivés à l'église, chacun a pris ses postes et places, et M. le
maire a déployé, sur l'autel de la patrie, le code auguste.
Une mappemonde servait de tapis à l'autel, et la Constitution,
placée au milieu, sur un carreau de mousseline parsemé de
lis, de roses, et de toutes les fleurs bleues qu'on avait pu se
procurer, était le grand objet du culte de ce jour. Deux bou-
lets, apportés en triomphe du siège de la Bastille par un ci-
toyen-soldat qui avait partagé les dangers de cette journée
immortelle, étaient placés aux deux côtés des lois, comme
deux sentinelles qui gardaient ce dépôt précieux. Aux quatre
coins de l'autel, on avait placé une épée, un encensoir, une
charrue, des balances et tous les attributs des sciences, arts
et professions susceptibles d'y être placés ; ils étaient disposés de manière qu'ils aboutissaient et avaient comme l'air
de se précipiter vers la Constitution : elle était couronnée
d'une triple guirlande de fleurs, aux couleurs de la nation.
Alors le clergé a entonné la messe *ad concordiam*. A l'offer-
toire, M. le maire a prononcé le discours suivant :

« Chers citoyens et braves amis,

« Ce jour que tous les vœux appelaient, que tous les intérêts faisaient ardemment attendre, éclaire enfin la France :
c'est le jour de la réunion des cœurs ; c'est le jour de la confédération des Français.

« Trop longtemps de vaines prétentions, appuyées sur d'antiques erreurs, ont agité les destinées de ce bel Empire ;
trop longtemps la discorde y a fait siffler ses serpents : il
faut enfin que le choc des opinions cède à l'ascendant de la
raison ; et, lorsque l'humanité, éclairée par le flambeau de
la philosophie, réclame les droits imprescriptibles de la nature, méconnaître un titre si sacré serait renoncer aux avantages qu'il assure à tous les hommes.

« Le voilà, messieurs, cet immortel ouvrage ! Voilà l'arbre

de la régénération des mœurs planté dans le sol fertile de la France, pour le bonheur des humains. Comme sa tige s'est rapidement élevée au-dessus de la portée de l'œil le plus perçant ! Déjà ses branches se sont étendues avec une progression qui surpasse l'imagination, et bientôt l'ombre bienfaisante de ses rameaux couvrira toute la terre.

« Voilà l'arche solidement construite, qui a sauvé les Français des horreurs du plus cruel despotisme.

« Voilà le code précieux, par lequel le plus bel ordre de choses va succéder au renversement des droits les plus sacrés.

« Voilà, enfin, cette Constitution sublime, essence de la plus haute sagesse, qui va faire régner les monarques par la loi, la loi par la force, et la force par la raison.

« Mais, quel saisissement divin s'empare de mes sens ! Français, votre triomphe s'approche. Des milliers de trompettes ont porté jusqu'au fond de mon âme l'annonce du pacte saint, qui va se former entre les hommes. Qu'il sera imposant ! Qu'il sera beau ! Ne voyez-vous pas la terre couverte d'armées éparses et innombrables qui appellent à grands cris la liberté ? la liberté ! Elles aspirent, elles s'élancent, par une ardente intention, vers les libérateurs de l'humanité. Elles élèvent des autels à nos législateurs. Le feu sacré du patriotisme étincelle dans les yeux comme sur les armes de cette milice magnanime. Toute la terre s'intéresse, toute la terre semble s'unir à notre confédération.

« Et vous, chers concitoyens, si cette fraternité universelle, indiquée par les augustes lois de la nature, vous paraît, en ce moment, surpasser le vœu qui nous rassemble, satisfaisons, du moins, à celui que tout bon Français a dû former.

« Invocations faites, à genoux, à l'Être suprême, roi des rois, auteur adorable des sociétés et de l'univers, sans le secours de qui tous pactes sont vains, toutes alliances stériles, tous serments, des gestes impuissants. Soyez favorable à une nation qui s'honore d'avoir, la première, reçu votre loi, annoncé, conservé, propagé votre culte.

« Une crise funeste de divisions et de désordres avait troublé l'harmonie sociale, nécessaire entre des citoyens, entre des frères. Rétablissez-la, grand Dieu, par votre bonté suprême et scellez du sceau de votre puissance infinie le serment inviolable d'union et d'amitié fraternelle que nous allons faire en votre divine présence, serment éternellement sanctionne par l'immuable loi de charité que vous avez dictée vous-même à tous les hommes. »

Le serment, que M. le maire allait prononcer, a été suspendu par le zèle de MM. les officiers de la garde nationale, et M. Sicamois, adjudant, portant la parole, a dit :

« Mes chers camarades, mes amis,

« Le 14 juillet de l'année dernière, dont nous célébrons aujourd'hui la révolution anniversaire, sera sans doute le plus beau jour de notre vie, si tous, également pénétrés de l'amour de la liberté, nous regardons comme le plus sacré de nos devoirs de la conserver dans les bornes que prescrivent et l'ordre social et les lois.

« Oui, mes amis, ce fut ce jour-là que le despotisme, désarmé, confondu, anéanti, vit détruire la Bastille, son plaisir favori, cet édifice cruel, que la main des tyrans avait élevé, que le plus hardi mortel ne pouvait parcourir sans terreur, et dans lequel gémissait depuis si longtemps la liberté enchaînée.

« N'en doutez pas, mes chers camarades, c'est des ruines de cette prison infernale qu'est sortie la liberté que nous encensons, c'est à cette liberté divine que la France entière élève aujourd'hui des autels.

« Aussi, dès que nos chers camarades, les Parisiens, s'en furent rendus maîtres, ils s'écrièrent avec enthousiasme : *Français, nous sommes libres!* Ces expressions, articulées par le plus pur patriotisme, ont pénétré tous les cœurs et ont trouvé tous les citoyens brûlant de prendre les armes pour voler sur les traces de ces braves soldats à la défense de la liberté.

« Mais la voilà triomphante, cette liberté que nous chérissons. Pour la maintenir et disperser à jamais les restes des cendres du despotisme, il faut, à l'exemple des sauveurs de la patrie, rallier à ces paroles sacrées : *Français, nous sommes libres*, ces paroles douces et consolantes : *Français, nous sommes frères*. Criez donc tous avec moi : *Français, nous sommes libres !. Français, nous sommes frères !*

« Eh bien, mes amis, il ne nous reste plus qu'à jurer, sur l'autel de la patrie, de soutenir de toutes nos forces la Constitution et d'être fidèles à la nation, à la loi et au roi. Il est gravé dans vos cœurs, ce serment auguste, et je lis dans vos traits l'ardeur dont vous brûlez pour le proférer. »

A ce discours a succédé celui prononcé par M. Blanchon, commandant, en ces termes :


« Chers concitoyens,


« Vous venez d'entendre l'expression de deux âmes vraiment éprises de l'amour de la patrie. Ce langage sacré de la liberté a mis dans vos cœurs l'espoir certain du bonheur et dans vos yeux les larmes de la joie la plus pure... Eh ! qui pourrait se défendre de ces mouvements de sensibilité... ? L'éloquence a été secondée par le spectacle du plus beau des trophées. Les emblèmes des sciences sublimes qui le composent semblent n'y être placés que pour rendre hommage à l'instrument utile qui, dans vos mains, force la terre à nous rendre les richesses inépuisables qu'elle recèle dans son sein... L'art du labourage va donc recouvrer sa première dignité... Honneur au magistrat qui a su nous le dire d'une manière et si énergique et si touchante !

« Mais, chers concitoyens, combien l'intérêt de ce sublime spectacle augmente, en nous rappelant les dangers qui menaçaient l'innocente agriculture, il n'y a pas encore un an ! Vous aviez abandonné vos moissons, fruits de vos labeurs, l'espoir de votre famille, le vôtre, celui de la France entière ; vous évitiez des dangers devenus chimériques par la réalité de ceux auxquels s'exposèrent les braves Français, habitants de Paris (1).

« La Bastille, repaire affreux du despotisme, venait de crouler sous leurs bras victorieux. Les ennemis de la France étaient en fuite ; ils se vengeaient de la honte de leur défaite, en vous communiquant la terreur, dont ils étaient saisis.

« Votre faiblesse ne dura qu'un instant ; vos bras se sont armés, et notre Constitution s'achève heureusement... (2). Le bonheur va luire sur nos têtes.

« Une Bastille plus flétrissante que celle qui fut renversée le jour dont nous célébrons l'anniversaire est tombée sous les coups de vos augustes représentants... Gloire et grâces immortelles leur soient rendues !

« Le monstre insultant de la féodalité ne respire plus. Il avait tout envahi. Dans son orgueil, il osa s'assimiler à l'être souverain. N'avez-vous pas vu le ministre des autels forcé, l'encensoir à la main, de rendre à la créature avilie par son orgueil les mêmes honneurs qu'il venait d'offrir au Créateur ?

« Vous ne serez plus les témoins indignés de pareils outrages : *ce qui n'est dû qu'à Dieu, ne sera rendu qu'à Dieu ;* son temple ne portera plus les marques honteuses de la servitude ; l'orgueil n'aura plus de trône qui rivalise ses autels, et le sacerdoce recouvrera la splendeur qu'il avait perdue.

« Et cette Constitution, qui nous élève de nouveau à la dignité d'homme, de laquelle nous étions descendus, trouve des ennemis, trouve des détracteurs ; ils défendent les abus par les préjugés et les préjugés par le fanatisme ; ils semblent

(1) Allusion au mouvement de la *grande peur*, qui se produisit dans les campagnes à la fin de juillet 1789.

(2) Ces points suspensifs, ainsi que tous les autres qu'on remarque dans ce procès-verbal, se trouvent dans l'original, et n'indiquent aucune suppression faite par nous : nous donnons ce document en entier.

pleuror la perte de la religion... O vous, prêtres du Seigneur, qui allez recevoir le serment qui va nous unir tous, par lequel nous allons contracter le doux engagement d'être un peuple de frères, vous serez témoins que jamais la religion ne fut ni plus respectable, ni plus respectée ; vous, magistrats choisis par vos frères, vous attesterez de l'empressement et du zèle de la garde nationale à s'unir à la fédération générale des Français.

« Vous, soldats citoyens, vous n'oublierez jamais que les armes des hommes libres ne doivent être employées qu'à la défense et à l'honneur de leur patrie, et jamais à la persécution.

« Vous tous, enfin, bons et vertueux citoyens des deux sexes, qui allez jurer avec nous d'être fidèles à la nation, à la loi et au roi, et de maintenir la Constitution de tout votre pouvoir, vous n'oublierez jamais que c'est sur l'autel du Dieu vivant, vengeur du parjure, que vous l'aurez prononcé. »

Ces différents discours étant achevés, midi a sonné, et M. le maire a annoncé qu'il allait prononcer et faire le serment fédératif comme il suit :

« Nous nous réunissons avec une intention ferme et pure à tous nos frères de la Confédération nationale, à Paris, sur toutes les terres de France et sur les mers, et jurons, par Dieu, par la religion de nos pères, par l'honneur et par la vie, de maintenir de tout notre pouvoir les décrets de l'Assemblée nationale, sanctionnés par le roi, et d'être fidèles, jusqu'au dernier soupir, à la nation, à la loi et au roi. »

Alors, M. le maire a dit aux citoyens : « Vous avez bien entendu faire et avez fait le même serment que moi ? »

Répondu unanimement : « *Oui.* »

« Vous le jurez ? »

Répondu unanimement : « *Nous le jurons !* »

Ce serment a été suivi des cris enflammés et universels :
*Vive la Nation ! vive la Loi ! vive le Roi ! vive l'Assemblée nationale !*

Et, comme si les âmes n'eussent pas été satisfaites de ces transports, tout le monde s'est écrié :

« Amour ! transports de joie ! enthousiasme patriotique, sacrifices de la vie même à la Confédération nationale ! »

A la communion, on a chanté, avec des transports jusqu'alors inconnus, le *Domine salvam fac gentem*, avec tous les versets exprimant le dévouement à la Constitution et l'amour du roi, qui distinguent et caractérisent la nation française. La messe a été terminée par un *Te Deum*, et les différents corps sont sortis pour se rendre à l'Hôtel municipal dans le même ordre qu'on en était parti. M. le maire tenait toujours dans ses mains le trésor de la nation, l'auguste Constitution. A la suite de la cérémonie, les citoyens, réunis et confondus dans le sein de la plus vive amitié, se sont rendus dans une grange très vaste, où l'on était convenu de dîner ensemble. Ce repas offrait le tableau intéressant de la frugalité, de l'union et du plus vif patriotisme. L'on avait moins l'air d'y être venu sacrifier des erreurs que d'y donner l'exemple des plus rares vertus ; toutes les santés qui intéressent le plus la nation y ont été portées avec une ivresse d'affection, dont le spectacle seul peut donner l'idée. La nuit a séparé les citoyens, et, avant de se quitter, ils se sont ajournés au vendredi 16 du courant, où il a été convenu qu'on assisterait, en cérémonie, à un service solennel pour le repos des âmes généreuses qui s'étaient dévouées sous les murs de la Bastille à la conquête de la liberté.

Et ledit 16 juillet étant arrivé, cette triste cérémonie a été remplie avec la démonstration de toute la sensibilité, de la douleur et de la reconnaissance qu'elle devait imprimer dans toutes les âmes.

Fait clos et arrêté le procès-verbal des différentes cérémonies des autres parts, à Saint-Maurice-des-Lions, le 16 juillet 1790.

> CHAZAUD, maire ; BLANCHIER, commandant de la Garde nationale ; LEPROUX, procureur de la commune ; BARBARIN DE LA MOTHE, major de la Garde nationale ; SICAMOIS, adjudant de la Garde nationale ; DE GAMAURY, officier municipal BELLANGER officier municipal (1).

## VII

Quoique renfermées généralement dans la limite de la journée du 14 juillet 1790, ces fêtes fédératives eurent comme une suite ou un épilogue.

Je veux dire que le retour des Français députés à la fédération du Champ-de-Mars offrit au patriotisme nouveau une autre occasion de se glorifier et de triompher.

Les Fédérés rapportèrent la bannière que la Commune de Paris leur avait donnée pour les départements.

On leur fit un accueil solennel et joyeux. En plusieurs villes, ce furent de vraies cérémonies, parfois grandioses, et comme un renouvellement de la Fédération, surtout pour l'exécution du décret du 19 juillet 1790, qui ordonnait qu'en chaque département ces

(1) Arch. nat., C, 120, dossier 365, pièce n° 4. — Je crois que ce document est inédit.

bannières fussent placées dans la salle des séances du Conseil général de département.

A Troyes, on organisa, à cet effet, une véritable fête, dont le procès-verbal a été imprimé (1).

On a aussi le procès-verbal d'une fête qui fut organisée à Alençon, le 26 juillet 1790, pour le retour des fédérés, « rapportant en triomphe les bannières de départements ». Les femmes y jouèrent un grand rôle. Au-devant les fédérés, dit le procès-verbal « les dames d'Alençon, toutes uniformément vêtues en blanc », s'avancèrent, « dans le plus bel ordre, marchant entre deux rangs de volontaires nationaux ». « En revenant, les militaires mirent leurs épées dans les mains des dames, et elles les ont ainsi rapportées jusqu'à la grande place. » Là, une des dames harangua les fédérés, célébra « la gloire de la patrie » et « le triomphe de l'Empire français ». Fort galamment, le commandant de la Garde nationale répondit : « Le Français s'illustre en défendant la patrie; il s'honore en rendant les armes à nos dignes héroïnes et sœurs. » « Le commandant, à ce moment (dit le procès-verbal), dépose ses armes aux pieds de la commandante (sic), qui les relève et les lui remet. Il répond qu'un chevalier français n'a jamais été armé sans recevoir l'accolade, et il l'embrasse (2). »

De Paris, les Fédérés ne rapportaient pas seulement

______

(1) *Procès-verbal du dépôt de la bannière du département de l'Aube, 25 juillet 1790.* — Bibl. nat., Lb 39/9173, in-8°.

(2) *Arrivée des bannières de différents départements à Alençon.* — Bibl. nat., Lb 39/9175, in-8°.

des bannières : ils en rapportaient aussi comme le mot d'ordre national de la capitale ; ils en rapportaient un plus vif sentiment de liberté, un plus vif sentiment d'égalité, un plus vif sentiment d'union et de fraternité, un patriotisme triomphant. C'est à Paris qu'il faut être placé pour bien découvrir, bien voir, comme d'un coup d'œil, toute la figure, toute la personne de la France. Rentrés dans leur petite patrie, les Fédérés communiquèrent à leurs concitoyens cette découverte, cette vision d'ensemble de la grande patrie. Désormais, la nation française a une conscience pleine et éveillée de sa personnalité. Elle est enfin, dans l'acception philosophique du terme, devenue une patrie (1).

VIII

Quand nous disons que le royaume de France est devenu ainsi, en 1790, une patrie, ce n'est pas nous qui nous exprimons ainsi, ce sont les contemporains. Les exemples de ce sentiment et de cette assertion sont innombrables. En voici trois, qui sont particulièrement nets et probants.

(1) Il y eut au moins une fête de la Fédération à l'étranger. Les Hambourgeois, le 14 juillet 1790, firent le même geste que les Français. Sur cette fête de la Fédération à Hambourg voir une lettre du baron Knigge à sa fille, en date du 15 juillet 1790, dans le livre de M. Le Forestier, *Les Illuminés de Bavière et la franc-maçonnerie allemande*, p. 628. Le *Moniteur* du 4 août 1790 rendit compte de cette fête, et dit qu'il y en avait eu d'analogues à Londres et Amsterdam.

Le 22 juin 1790, M^me Roland s'introduit auprès de Bancal des Issarts en lui écrivant, de Lyon (1) : « Depuis que les Français ont acquis une patrie, il a dû s'établir, entre tous ceux qui sont dignes de ce bien, un lien puissant et nouveau, qui les rapproche malgré les distances et les unit dans une même cause. » Au même, le 15 mars 1791, elle écrit de Paris : « Je ne suis allée à aucun spectacle, quoique avec l'idée de les revoir tous ; le charme des beaux-arts et de tous ceux qui y tient était autrefois le plus grand de la capitale, du moins à mon gré ; mais, en acquérant une patrie, nous prenons nécessairement une autre façon de voir, et les sollicitudes des patriotes laissent à peine quelque place au souvenir des choses du goût. »

Dans sa séance du 8 janvier 1791, l'Assemblée nationale reçut une adresse des recteurs, principaux, professeurs et agrégés de l'Université de Paris, portant adhésion à tous ses décrets. «... Nourris, disent-ils, dans les maximes d'une simplicité antique et de la sainte égalité, interrogeant en quelque sorte, nuit et jour, les ombres de tous ces grands hommes qui ont immortalisé les républiques de Grèce et d'Italie, nous retrouvions dans les monuments d'Athènes et de Rome ces sentiments généreux de liberté et de patriotisme dont leurs cendres sont encore toutes brûlantes. Dépositaires du feu sacré, nous n'avons point à nous reprocher de l'avoir laissé éteindre entre nos mains. Mais, par une bizarrerie digne de toutes celles qu'offre le chaos.

(1) *Lettres*, éd. Perroud, t. II, p. 97 et 245.

que vous avez débrouillé, notre éducation était en contradiction avec nos mœurs et nos usages. Nous parlions
de patrie et de liberté, et nous n'apercevions autour
de nous ni liberté ni patrie. Au sortir de nos mains,
nos élèves allaient se confondre dans la foule des
opprimés et des oppresseurs, des esclaves et des tyrans. La vanité ou l'intérêt leur faisait une loi d'oublier bien vite des maximes qui eussent révolté
l'égoïsme du siècle, ou la servitude des cours. Mais
les temps sont changés : grâce aux veilles de nos législateurs, grâce aux vertus d'un monarque citoyen,
devenu plus cher à son peuple, plus grand aux yeux
des sages, depuis qu'il a renoncé au droit illusoire et
dangereux d'être souvent trompé, on ne sourira plus
de pitié à ces vieilles vertus des Grecs et des Romains ;
nous ne verrons plus dans les anciens des hommes
d'une espèce supérieure, et, comme le disait Montesquieu, des colosses et des géants. Déjà, Messieurs,
notre histoire nous offre des objets de comparaison
dignes de ces grands modèles ; déjà les Français ont
senti qu'ils avaient une patrie, et prouvé qu'il est
doux de mourir pour elle (1). »

Enfin, le constituant Durand-Maillane, dans son *Histoire apologétique du Comité ecclésiastique*, publiée

---

(1) Bibl. nat., Le ¹²/1223, in-8°, signé : « Dumouchel, recteur. » — Dumouchel (1748-1820) député du clergé de Paris
aux États généraux, évêque constitutionnel du Gard, abdicataire en frimaire an II, marié, chef du bureau de l'instruction publique au ministère de l'Intérieur sous le Consulat,
chef de la 1ʳᵉ division dans les bureaux de l'Université impériale.

en 1791, dit : « On ne savait ci-devant où était la patrie. Les Français croyaient la voir tout entière dans leurs rois, et ils les adoraient ; mais les uns dans un état pénible de servitude et d'oppression, et c'était le plus grand nombre ; les autres pour leurs propres avantages, et ceux-ci ne s'aimaient qu'eux, en affectant plus d'amour pour leurs bienfaiteurs. Cet égoïsme avait passé, par l'injustice des privilèges, des personnes aux provinces, aux villes : les municipalités vivaient comme étrangères, et souvent comme ennemies entre elles. Enfin la Révolution est venue, et, pour la première fois, chacun de nous a goûté les délices de cette masse de liaisons qui, comme nous l'apprend Cicéron, réunit les citoyens à leur patrie comme au centre de toutes leurs affections (1). »

Hier, nous n'avions pas de patrie : aujourd'hui, nous en avons une : voilà, en résumé, ce que disent les Français de 1790 et de 1791.

Cette patrie nouvelle, les peuples de France, enfin réunis en un seul peuple, ont le sentiment qu'ils ne la conserveront qu'en maintenant et en fortifiant cette réunion. C'est par l'unité qu'ils défendront, contre les partisans de l'ancien régime, la liberté et l'égalité. Celles des provinces qui semblaient naguère le plus particularistes ne perdent pas une occasion d'affirmer le caractère définitif de leur absorption dans la nation une et indivisible. Ainsi, on lit dans l'Adresse

_______

(1) *Histoire apologétique du Comité ecclésiastique*, p. 313, note. Durand-Maillane donne ensuite de longs extraits du *De officiis*.

du directoire du département d'Ille-et-Vilaine à l'Assemblée nationale, 4 février 1791 : « Pendant des siècles, les Bretons ont su conserver leurs droits et leurs franchises contre l'autorité armée ou insinuante. La patrie les a réclamés : à sa voix, nos représentants les ont déposés sur son autel ; à sa voix, nous avons confondu avec enthousiasme notre sort et nos destinées avec ceux de tous les Français. Nous sommes un seul tout avec la France administrative, militaire et religieuse (1). »

Je ne saurais mieux terminer cette esquisse de la naissance et du développement du patriotisme nouveau que par cette affirmation bretonne de l'unité française.

(1) Cité par M. L. Benaerts dans sa thèse de doctorat, *Le régime consulaire en Bretagne*, p. 360.

# CHAPITRE X

## Le Patriotisme et les Émigrés

I. Précédents de l'émigration : les protestants. — II. Les
émigrés contre la patrie nouvelle. — III. Prétendue nostalgie des émigrés. — IV. Les nobles restés en France. —
V. Esprit des lois portées contre les émigrés. — VI. Patriotes émigrés : La Fayette, Dumouriez, le futur Louis-
Philippe. — VII. Autres patriotes émigrés. — VIII. Le général Moreau.


J'ai esquissé l'histoire de la formation du patriotisme nouveau en France, de la patrie nouvelle, dans
et par les fédérations. Ce fut un pacte juré entre les
Français ; ils se formèrent en nation une et indivisible, gouvernée par des lois qui étaient l'expression
de la volonté générale, c'est-à-dire en une patrie telle
que les philosophes l'avaient définie et demandée,
telle que les Anglo-Américains venaient d'en donner
l'exemple.

La masse des Français, ou plutôt la quasi-unanimité
des Français, entra dans cette patrie nouvelle. Mais il
y eut des exceptions à cette adhésion générale :
quelques Français repoussèrent cette patrie avant
même qu'elle se formulât en pacte, et dès le moment

où elle s'annonça comme victorieuse, je veux dire
dès la prise de la Bastille, pour quitter la France
révolutionnée. Ce sont les premiers émigrés, tous
royalistes, aristocrates. D'autres attendirent, pour
émigrer, que la patrie nouvelle fût formée, triomphante : ce sont les émigrés royalistes de 1791, de
1792, de 1793, et ces deux émigrations combattirent
la patrie nouvelle, les « patriotes », par les armes. Il
y eut aussi des Français qui, étant entrés dans le
pacte de 1790, en sortirent, parce qu'ils le crurent mal
appliqué, et qui, tout en continuant à se dire
« patriotes », émigrèrent aussi surtout en août 1792,
mais non pour combattre la France. Il y eut aussi des
Français qui s'insurgèrent contre la patrie nouvelle,
sans quitter le pays, et qui, les uns royalistes ou
catholiques comme en Vendée, en Bretagne ou à
Toulon, les autres patriotes ou même républicains,
comme les Girondins « fédéralistes », entreprirent une
guerre civile. Enfin, en dehors de ces antipatriotes ou
de ces patriotes révoltés, il y eut en France, dans ces
premiers temps de la patrie nouvelle, des étrangers
qui la servirent, même dans de hautes fonctions, sans
se faire naturaliser, et qui, par conséquent, n'en firent
pas partie intégrante, et, en réalité, n'avaient point de
patrie.

On ne peut pas bien comprendre, dans les nuances
utiles, ce que fut le patriotisme nouveau, le patriotisme révolutionnaire, si on ne définit pas, au moins
en quelques mots, les éléments hostiles ou étrangers
à ce patriotisme, si on ne rappelle pas quels étaient

les sentiments et les conditions des émigrés, des insurgés, des sans-patrie.

## I

Ne parlons maintenant que des émigrés.

Il faut remarquer tout d'abord que l'émigration en elle-même ne fut pas considérée comme coupable par les hommes de la Révolution, par les « patriotes ».

Quitter le sol natal parce qu'on n'y peut réaliser son propre idéal, et c'est le cas des émigrés français à l'époque de la Révolution, un tel acte n'est nullement contraire à la conception philosophique de la patrie, puisque, selon cette conception, la patrie n'est pas là où on est né, mais là où on est libre.

D'ailleurs, il y avait alors un exemple français d'émigration qui était illustre, éminemment honorable et pas trop ancien : c'était l'exemple des protestants qui, s' it au xvi° siècle, soit au xvii° et surtout à la révocation de l'édit de Nantes, avaient quitté la France, pour aller s'établir à l'étranger, notamment en Prusse, en Hollande, en Angleterre.

Ils croyaient qu'un homme raisonnable ne doit pas préférer le sol natal à l'idéal de conscience.

C'est ce qu'avait bien exprimé le roi d'Angleterre Jacques I⁰ʳ, dans sa lettre aux réfugiés protestants français (21 mai 1603) : « Je vous protégerai, disait-il, ainsi qu'il convient à un bon prince de défendre tous ceux qui ont abandonné leur patrie pour la religion (1). »

Ceux des protestants français qui émigrèrent à la révocation de l'édit de Nantes donnèrent, par avance, aux émigrés français de 1792, l'exemple de haïr une partie persécutrice de leurs idées, de la haïr au point de porter les armes contre elle, et même d'être parfois plus acharnés à la combattre que ne le furent les étrangers.

L'armée de Condé a comme un précédent dans ces régiments de réfugiés protestants formés par la Prusse et qui combattirent contre la France. Dans son *Histoire des réfugiés protestants de France*, Ch. Weiss dit (2) : « La guerre européenne qui s'ouvrit en 1689 fut la sanglante épreuve qui attesta leur attachement à leur patrie adoptive. Frédéric I<sup>er</sup> y prit part comme allié de l'empereur contre le roi de France, qu'il avait offensé en aidant le prince d'Orange à renverser Jacques II. L'armée qu'il rassembla en Westphalie était composée en grande partie de régiments français. Dès la première campagne, les réfugiés détruisirent l'opinion répandue en Allemagne qu'ils combattraient mollement contre leurs anciens concitoyens. Au combat de Neuss, les grands mousquetaires attaquèrent les troupes françaises avec une fureur qui prouvait un long ressentiment, et que les écrivains

(1) Ch. Weiss, *Histoire des réfugiés protestants de France*, Paris, 1853, 2 vol. in-12 ; t. I, p. 262. L'original de cette pièce est en français.

(2) T. I, p. 182.

français leur ont souvent reprochée. En les voyant s'élancer avec la rapidité de la foudre, un des généraux prussiens s'était écrié : « Voilà des drôles qui « seront tout à l'heure contre nous ». Le comte de Dohna, qui entendit ce propos injurieux, força le général de mettre le pistolet à la main et lava dans son sang cet outrage à l'honneur des réfugiés (1). »

D'autres régiments de réfugiés, assure Weiss, montrèrent beaucoup d'ardeur à combattre les Français, notamment au siège de Bonn.

En 1690, Frédéric envoya au secours du duc de Savoie, Victor-Amédée, contre les Français, les régiments de Cournuaud et de Varennes. Ils marchèrent en tête, contribuèrent à la prise d'Embrun, à l'invasion du Dauphiné, où ils « se vengèrent par le pillage et l'incendie des souffrances que plusieurs avaient endurées, dans cette province (2) »

On sait que le maréchal de Schomberg, réfugié protestant en Hollande, suivit Guillaume d'Orange en Angleterre (1688). A la bataille de la Boyne (1690), les protestants français, commandés par Schomberg, eurent à combattre non seulement les Irlandais, mais des régiments français commandés par le duc de Lauzun. Les montrant aux réfugiés, Schomberg s'écria : « Allons, mes amis, rappelez votre courage et vos ressentiments : voilà vos persécuteurs ! » Les réfugiés chargèrent les Français avec tant d'impétuosité, qu'ils

(1) *Mémoires manuscrits* de M. de Campagne, cités par Erman et Réclam, t. VII, p. 155 (Note de Ch. Weiss).
(2) *Ibid.*, p. 184.

les mirent en déroute. Schomberg fut tué dans cette action à l'âge de quatre-vingt-neuf ans (1).

Certes, tous les protestants émigrés n'eurent pas cette haine de leur ancienne patrie. Mais la confiscation des biens qu'ils avaient laissés en France et les persécutions contre leurs coreligionnaires qui n'avaient pas émigré semblèrent rompre tous leurs liens avec le pays natal.

L'édit de 1787, qui accorda l'état civil et quelque tolérance aux réformés français, réveilla-t-il des sentiments français chez les descendants des réfugiés ? Je l'ignore.

Il est probable que la Révolution française, qui fit de la France une patrie, au sens philosophique du mot, les émut d'admiration et de sympathie, surtout à cause de l'article de la Déclaration des Droits qui établissait une large tolérance.

Un des premiers soucis des « patriotes » français, ce fut de tâcher de réconcilier les émigrés protestants avec la France, devenue libre. Le 10 juillet 1790, l'Assemblée constituante décréta qu'en principe « les biens des non-catholiques qui se trouvent encore aujourd'hui entre les mains des fermiers de la régie

______

(1) A ce récit, Weiss ajoute cette réflexion sur Schomberg : « Partout il justifia la confiance qu'il inspirait par la loyauté la plus irréprochable, par la rare constance de ses opinions, par son courage et son habileté militaire, et par toutes ses qualités chevaleresques que notre civilisation moderne efface chaque jour et qu'elle n'a pu encore remplacer. » (T. I, p. 306.)

aux biens des religionnaires seront rendus aux héritiers, successeurs ou ayants droit desdits fugitifs » (1). Le 9 décembre suivant, elle régla le mode de cette restitution, en y ajoutant que « toutes personnes qui, nées en pays étranger, descendent, en quelque degré que ce soit, d'un Français ou d'une Française expatriés pour cause de religion sont déclarés naturels français, et jouiront des droits attachés à cette qualité, si elles reviennent en France, y fixent leur domicile et prêtent le serment civique » (2).

Loin de reprocher aux protestants leur émigration, Barère, rapporteur de ce décret (qui fut sanctionné le 15 décembre 1790), n'hésita pas, au nom du Comité des domaines, à appeler *barbares* et *cruels* les jurisconsultes et les ministres de Louis XIV, qui avaient traité « de crime de lèse-nation le droit d'émigrer, qui appartient à l'homme partout où il ne se trouve pas heureux et tranquille ».

Dans la conclusion de son rapport, Barère, en termes fort intéressants pour notre sujet, exprima les

(1) C'est M. de Marsanne, député de la noblesse du Dauphiné, descendant de réfugiés, qui, le premier, avait fait une motion pour restituer leurs biens aux protestants expatriés, 11 février 1790.

(2) Le 16 nivôse an II, la Convention déclara que, par son décret du 5 du même mois, qui excluait les individus nés en pays étranger du droit de représenter le peuple français, elle n'avait pas entendu comprendre les « fils de protestants obligés de quitter la France pour cause de religion, et depuis rentrés sous la tolérance et la protection expresse de la loi ».

sentiments de l'Assemblée sur l'émigration et sur ces émigrés, en même temps qu'il fit connaître ce qu'il savait ou croyait savoir sur les sentiments des réfugiés eux-mêmes :

« En terminant mon rapport, dit-il, je ne puis me défendre, Messieurs, du désir de faire passer dans vos cœurs le sentiment profond que m'ont fait éprouver les témoignages donnés par les descendants des fugitifs, de l'attachement qu'ils ont conservé pour la France. Depuis que votre décret du 10 juillet a retenti dans les diverses contrées de l'Europe, il est venu de toutes parts à votre Comité et à plusieurs membres de l'Assemblée mille assurances touchantes de la reconnaissance de ces Français envers des législateurs qui allaient les rendre à une patrie vers laquelle ils n'avaient jamais cessé de tendre les bras.

« J'ai dit de ces étrangers malheureux que ce sont des Français, et c'est leur véritable nom. Oui, Messieurs, ils n'ont jamais cessé de l'être. Votre Comité vous propose un article, aussi juste que politique, qui doit assurer à ces descendants des religionnaires fugitifs le titre de citoyens français.

« Encore s'il s'agissait de ces cosmopolites qui, étrangers dans tous les pays, ne méritent de trouver nulle part une cité ; s'il s'agissait de ces hommes pusillanimes ou orgueilleux, qui fuient la patrie quand elle est en danger, ou quand elle traite ses enfants avec égalité, elle serait moins odieuse, l'erreur qui prononcerait des déchéances et des privations civiques.

« Mais lorsque des lois tyranniques ont méconnu les

premiers droits de l'homme, la liberté des opinions et le droit d'émigrer, lorsqu'un principe absolu fait garder par des troupes les frontières, comme les portes d'une prison, ou fait servir sur les galères, avec des scélérats, des hommes qui ont une croyance différente de la sienne ; certes, alors, la loi naturelle reprend son empire sur la loi politique, les citoyens dispersés sur des terres étrangères ne cessent pas un instant, aux yeux de la loi, d'appartenir à la patrie qu'ils ont quittée. Cette maxime d'équité honora la législation romaine, et doit immortaliser la vôtre.

« Qu'ils viennent donc au milieu de leurs concitoyens, ces êtres malheureux qui gémissent sur un sol étranger ; refuge de leurs pères, la patrie n'a jamais cessé de tourner vers eux ses regards ; affligés, elle a toujours conservé leurs droits ; qu'ils se rassurent donc ; il est déchiré, ce code absurde et sanguinaire, que le fanatisme et la cupidité avaient suggéré à des tyrans ; et les législateurs de la France apprennent enfin à l'Europe toute la latitude qu'il faut donner également à la liberté des opinions religieuses et à l'état civil de ceux qui les professent. »

Quelques réfugiés protestants répondirent à l'appel de l'Assemblée constituante. Ch. Weiss cite « les Odier, les La Bouchère, les Pradier, les Constant, les Delprat, les Bitaubé, les Pourtalès » (1). Il faut y ajouter les Cherbuliez (2).

(1) T. II, p. 330.
(2) *Bulletin de la Soc. de l'hist. du protestantisme*, t. XL, p. 335.

Nous n'avons pas d'éléments pour une statistique sérieuse des protestants qui, à l'époque de la Révolution, reprirent leur qualité de Français (1). Il est évident que ce ne fut qu'une minorité. Cependant, à en croire Benjamin Constant, il y aurait eu, parmi les réfugiés, un enthousiaste mouvement de retour à la France. Il écrivait, en effet, sous le Directoire, en l'an V, dans une pétition pour obtenir sa propre naturalisation :

« Plus de 50.000 familles descendant de religionnaires, et retirées dans la partie protestante de l'Allemagne, s'occupent en ce moment de réaliser leurs capitaux pour revenir dans leur patrie véritable, y reporter leurs richesses et, ce qui est plus précieux encore, leurs manufactures et leur industrie (2). » Mais il survint des circonstances décourageantes pour ceux qui auraient voulu profiter de la loi du 15 décembre 1790 : d'abord la guerre, puis la Terreur, plus tard la dictature de Napoléon, plus tard encore la réaction sous Louis XVIII et sous Charles X. Et puis, la plupart se trouvaient bien où ils étaient, y avaient pris racine, y avaient véritablement trouvé une pa-

---

(1) Ce n'est qu'au xix<sup>e</sup> siècle que le *Moniteur* (plus tard) *Journal officiel,* publia des rapports annuels du ministre de la Justice sur les naturalisations, où fut indiqué le nombre des personnes qui s'étaient prévalues de l'article 22 de la loi du 15 décembre 1790.

(2) Passage reproduit dans le rapport de Pastoret « sur l'exercice du droit de cité pour les descendants des religionnaires fugitifs rentrant en France », séance du Conseil des Cinq-Cents du 21 frimaire an V. — Bibl. nat., Le ⁴¹/625.

trie (1). Cependant, à l'époque napoléonienne, quand les pays rhénans firent partie de la France, les descendants des protestants français y firent paraître beaucoup de zèle pour la France (2).

## II

Cet exemple des protestants émigrés était trop présent à tous les esprits, trop glorifié par tous les écri-

(1) D'ailleurs, pour des motifs qui m'échappent, l'administration française, à l'époque du Directoire, opposa, avec une évidente malveillance, des formalités aux demandes en naturalisation formées par les réfugiés. (Voir, sur cette application de la loi du 15 décembre 1790, un article de M. Jacques Pannier dans le *Bulletin de la Société de l'histoire du protestantisme français*, année 1891, t. XL.) On voulut les assimiler aux autres étrangers et leur appliquer l'article 10 de la Constitution de l'an III, qui exigeait, pour la naturalisation, en outre de conditions de cens, une résidence consécutive de sept années sur le territoire français. Très graves furent les difficultés que, de 1797 à 1824, Benjamin Constant eut à surmonter, soit pour obtenir, soit pour conserver la qualité de Français. Voir, à ce sujet, la *Note sur le droit de cité appartenant à la famille Constant de Rebecque*, qu'il publia sous le Consulat (Bibl. nat., Lm³/239 A) et l'*Introduction au Journal intime de Benjamin Constant*, par D. Melegari (Paris, 1895, in-8°).

(2) Georges Lote, *La rive gauche du Rhin de 1792 à 1914*, dans la *Revue des Etudes napoléoniennes*, novembre-décembre 1915, notamment p. 312. — En juillet 1919, les journaux français ont publié une lettre des « descendants des huguenots, chassés de France en 1685 », datée de Berlin le 19 juillet 1919, et adressée au président de la République, où, en patriotes prussiens, ils rappelaient les bienfaits qu'ils ont reçus des Hohenzollern et demandaient que Guillaume II et son fils ne fussent pas mis en jugement.

vains philosophes et patriotes pour qu'on pût opposer des objections de principe à l'émigration des aristocrates pendant la Révolution.

Comme pour les protestants français, leur patrie, c'était leur idéal, plutôt qu'un sol, même natal.

Pour les émigrés royalistes, la patrie, c'était le roi. Quand ils virent le roi annihilé, ils n'eurent plus de patrie, ils en cherchèrent une autre ailleurs.

Les nobles ne voyaient pas seulement la patrie dans le roi, mais aussi dans la noblesse même. M^me de Staël a dit d'eux : « Les nobles de France se considèrent malheureusement plutôt comme les compatriotes des nobles de tous les pays que comme les concitoyens des Français. D'après leur manière de voir, la race des anciens conquérants de l'Europe se doit mutuellement des secours d'un empire à l'autre (1)... » Aussi le décret d'abolition de la noblesse (19 juin 1790) contribua-t-il singulièrement à développer l'émigration. Marat fait dire à un noble émigrant, en septembre 1791 : « En nous privant de notre existence politique, l'Assemblée nationale nous a réduits à la cruelle nécessité de la reprendre les armes à la main (2). »

Dans la pratique, la logique des émigrés n'est pas aussi absolue, et ils ne quittent pas leur patrie pour une autre. Que veulent-ils ? La réformer, la réformer

_______

(1) *Considérations sur la Révolution française*, troisième partie, chapitre I^er : *De l'émigration.*
(2) *L'Ami du peuple*, n° 558.

par la force des armes. Ils ne cessent pas de l'aimer, mais ils la veulent royaliste. Ils prennent pour devise : *Un roi ou la mort !* Leur fureur jalouse ne recule devant aucun moyen : « De tout temps, dit encore M^me de Staël, les émigrés se sont joués de l'indépendance de leur patrie ; ils la veulent, comme un jaloux sa maîtresse, morte ou fidèle ; et l'arme avec laquelle ils croient combattre les factieux s'échappe souvent de leurs mains, et frappe d'un coup mortel le pays même qu'ils prétendaient sauver. »

On ne peut même pas dire que cette réforme de leur patrie, telle qu'ils l'annoncent, consiste à la rétablir dans l'état où elle était avant 1789, et ils n'osent pas, en leurs manifestes officiels, confondre la patrie avec le roi.

Dans la lettre publique que Monsieur et le comte d'Artois écrivirent à Louis XVI (10 septembre 1791), en lui envoyant la déclaration de Pillnitz (1), il est question de la patrie comme d'une chose distincte du roi : « ... Aucun obstacle, disent-ils, ne peut empêcher un chevalier français de demeurer fidèle à son roi, à sa patrie, à son honneur... » Mais ils parlent avec dédain du patriotisme des révolutionnaires : « ... Il n'y a pas lieu de croire que les Français, quelque soin qu'on prenne d'enflammer leur bravoure naturelle en exaltant, en électrisant toutes les têtes des prestiges de patriotisme et de liberté, veuillent longtemps sacrifier leurs repos, leurs biens et leur sang pour sou-

(1) Bibl. nat., Lb ^39/5854, et *Moniteur*, réimp., t. IX, p. 733.

tenir une innovation extravagante, qui n'a fait que
des malheureux. »

Loin d'afficher l'intention de restaurer l'ancien régime, ils déclarent que, s'ils ont fait appel aux puissances étrangères, ce n'est pas dans une vue despotique : « C'est, au contraire, venger la liberté que
réprimer la licence : c'est affranchir la nation que rétablir la force publique, sans laquelle elle ne peut être
libre. » « Le but des puissances confédérées n'est que
de soutenir la partie saine de la nation contre la
partie délirante, et d'éteindre au sein du royaume le
volcan de fanatisme dont les éruptions propagées me-
nacent tous les empires. » Ils en viennent même à
se dire champions des droits de la nation, défenseurs
des vœux qu'elle a exprimés dans ses cahiers : « Nous
sommes fondés sur les droits de la nation entière à
rejeter des décrets diamétralement contraires à son
vœu exprimé par l'unanimité de ses cahiers. » Cela
ne les empêche pas de menacer éventuellement Paris
de la vengeance des rois, presque dans les mêmes
termes que dans le futur manifeste de Brunswick (1).

Les émigrés aimaient à se dire *la France extérieure*,
à se poser en bons patriotes, par opposition aux mauvais patriotes. Le journal qui, en France, soutenait le

_______

(1) La lettre par laquelle le prince de Condé, le duc de
Bourbon et le duc d'Enghien adhérèrent à la lettre de
Monsieur et du comte d'Artois (*Moniteur*, réimpr., t. IX,
p. 736) fit bien moins de concessions à l'idée patriotique.
Conclusion : « Nous périrons tous plutôt que de souffrir le
triomphe du crime, l'avilissement du trône et le renversement de la monarchie. »

plus ardemment leur cause, *le Journal général de la Cour et de la Ville*, dans son numéro du 6 mars 1792, déclara (d'un ton solennel qui ne lui était pas habituel) qu'il distinguait les « bons patriotes » d'avec les « faux patriotes », et les « amis de la Constitution » des « jacobins ».

Un émigré intelligent (peut-être la meilleure tête de l'émigration), M. de Calonne, protestait, en 1790, contre l'idée de faire une contre-révolution despotique. Pour « rendre à la France sa vie, sa force et sa tranquillité », il veut qu'elle ait encore « un roi, une loi et une Constitution ».

Et il ajoute :

Pour cela, que faut-il faire ? Une contre-révolution ?

Oui, si, par ce mot, on entend les efforts réunis des bons citoyens pour ramener l'ordre en France, pour en bannir l'anarchie, pour faire cesser l'usurpation tyrannique d'une poignée de démagogues qui gouvernent le royaume, ou plutôt qui empêchent qu'il soit gouverné ; pour rendre au roi l'autorité qui appartient à tout monarque, et qui est nécessaire en tout état policé ; enfin, pour faire rentrer la nation dans ses droits, et lui assurer le libre exercice de la faculté, qu'elle n'a pu aliéner, d'avouer ou de désavouer ce qui a été fait en son nom, mais sans sa participation, et contre la seule expression qu'il y ait eu de son vœu.

Non, si l'effet de la contre-révolution devait être de faire revivre les anciens abus, de dépouiller la nation de ses droits légitimes et de la priver de la juste mesure de liberté dont elle doit jouir, des avantages que Sa Majesté elle-même lui avait assurés, et du bienfait précieux d'une bonne et solide constitution.

J'abhorre dans ce dernier sens tous projets antirévolutionnaires. S'il fallait inévitablement choisir entre le désordre actuel et l'ancien gouvernement, je ne croirais pas qu'il y eût à hésiter ; mais j'écarte cette fausse supposition, et je proteste que mes vues sont fort éloignées de tout ce qui tendrait à frustrer la nation des avantages que l'exécution de ses cahiers et l'accomplissement des intentions du roi doivent lui procurer.

C'est parce que j'aime la liberté autant que ce soit au monde, c'est parce que je hais plus que personne l'arbitraire, que je m'indigne contre une confusion de pouvoirs qui renverse l'une et introduit l'autre. Les excès de la licence et cette barbare dépravation de gouvernement appelée *ochlocratie*, qui est notre état actuel, conduisent toujours au despotisme ; toujours les inspirateurs du fanatisme de la liberté finissent par l'opprimer, et c'est en se couvrant de son nom, que les Tribuns, les *Décemvirs* et les Cromwell ont exercé la plus cruelle tyrannie. Ne voit-on pas déjà les violences despotiques plus multipliées parmi nous depuis quinze mois, qu'elles ne l'ont été sous les règnes les plus absolus ? L'inquisition, les délations, la violation des lettres, l'espionnage, les interruptions du cours de la justice, les évocations des plus grands crimes, les arrestations extra judiciaires, les emprisonnements illégaux, les spoliations de propriété, et les créations de papier-monnaie ; ne sont-ce pas les actes qui caractérisent le despotisme le plus odieux ? Et ne sont-ce pas ceux qu'a produits le règne de l'Assemblée nationale ?

C'est donc par amour pour la liberté que je souhaite la fin de la tyrannie anarchique. Ce désir, joint à celui de voir la nation réclamer l'exécution de ses cahiers, est plutôt le désir d'affermir la Révolution, en la rendant raisonnable, que le désir de la combattre, et le moyen que je propose est plutôt libérateur qu'oppressif (1).


(1) Calonne, *De l'état de la France présent et à venir*. Londres, octobre 1790, in-8° ; p. 405-407.

Mais beaucoup d'émigrés n'ont que haine et dédain pour la Révolution et pour les patriotes.

Qu'on lise, par exemple, les lettres que Kellermann trouva, à Longwy et à Verdun, dans les papiers de Monsieur et de divers émigrés. Le mot *patriote* y est toujours pris en mauvaise part. Ainsi, la comtesse de Changé écrit, de Bonn, le 7 octobre 1792, à son mari, à l'armée des princes : « Tout humiliant que puisse être l'accommodement que nous ferons avec les patriotes, je le désire cependant, parce que cela nous donne le temps de rentrer, de vendre nos biens, et de quitter à jamais la France. Sans cela, il y a un décret qui porte peine de mort... » Le même jour, un soldat de l'armée du duc de Bourbon écrit, de Namur, à M. de Beauchamps, mousquetaire à l'armée des Princes : « Vous allez désormais aller grand train à Paris. L'armée de Dumouriez, que nous savions cernée, a été, après la trêve de quatre jours accordée, battue, hachée, presque détruite. Cinquante mille patriotes ont été taillés sur la place. Il en a coûté dix mille Autrichiens. Quelle perte que ces dix mille braves gens ! » Dans ce recueil de lettres, que la Convention fit imprimer par les soins de son Comité de sûreté générale (1), on verra bien d'autres traits où se marque la haine que les émigrés qui les écrivirent éprouvaient à l'égard de la Révolution et des patriotes.

(1) *Correspondance originale des émigrés ou Les émigrés peints par eux-mêmes...* Paris, 1793, in-8°. — Bibl. nat., La **/3, p. 1 et 51.

## III

M^me de Staël a l'air de croire que les émigrés, en général, eurent bientot la nostalgie de la patrie. Elle dit, dans ses *Considérations sur la Révolution française* (1): « Les émigrés ont dû se convaincre, par leurs propres sentiments dans différentes circonstances, que le parti qu'ils avaient pris était digne de blâme. Quand ils se trouvaient au milieu des uniformes étrangers, quand ils entendaient les langues germaniques, dont aucun son ne leur rappelait les souvenirs de leur vie passée, pouvaient-ils se croire encore sans reproche? Ne voyaient-ils pas la France tout entière se défendant sur l'autre bord? N'éprouvaient-ils pas une insupportable douleur, en reconnaissant les airs nationaux, les accents de leur province, dans le camp qu'il fallait appeler ennemi? Combien d'entre eux ne se sont pas retournés tristement vers les Allemands, vers les Anglais, vers tant d'autres peuples qu'on leur ordonnait de considérer comme leurs alliés! Ah! l'on ne peut transporter ses dieux pénates dans les foyers des étrangers! Les émigrés, lors même qu'ils faisaient la guerre à la France, ont souvent été fiers des victoires de leurs compatriotes. Ils étaient battus comme émigrés, mais ils triomphaient comme Français, et la joie qu'ils en ressen-

(1) III^e partie, ch. 1^er.

taient était la noble inconséquence des cœurs généreux. »

M. Chuquet a cité des traits d'amour de la patrie, parfois presque républicains, chez des émigrés (1). Oui, il est possible, probable même, que des émigrés ont éprouvé, à un moment, de tels sentiments. Mais à quel moment ? En général, ils ne les ont exprimés que beaucoup plus tard. Ainsi, on lit dans les Mémoires du duc des Cars (2) : « Chaque pas que je faisais sur un sol étranger semblait me menacer de quitter pour toujours celui de la patrie. » Mais ces Mémoires ne furent écrits que longtemps après les événements, quand les souvenirs du duc des Cars avaient pu se déformer, quand ses sentiments avaient pu se transformer. Cette nostalgie attendrie ne se marque pas dans ce que les émigrés ont écrit pendant l'émigration, du moins dans ce qui subsiste de leurs lettres ou de leurs journaux intimes, par exemple dans la *Correspondance originale* citée plus haut. Je possède des tablettes où un émigré, dont j'ignore le nom, notait, au jour le jour, les opérations de l'armée de Condé, avec ses propres impressions : je n'y vois aucun attendrissement à la pensée de cette France qu'il a quittée.

Il est cependant vraisemblable que, quand les années se furent écoulées, quand les émigrés durent se retirer en Russie, vaincus, abandonnés, oubliés,

(1) *La première invasion prussienne*, p. 281-282.
(2) T. II, p. 92.

plus d'un se dit avec tristesse le mot de Danton : « On n'emporte pas la patrie à la semelle de ses souliers. » Mais nous n'en savons rien.

Beaucoup d'entre eux, la plupart rentrèrent en France sous Napoléon. Certes, ils furent contents de revoir le pays natal. Mais ce qui les rattacha surtout à leur patrie révolutionnée, ce fut le sort brillant que leur fit Napoléon, près de lui, à sa cour. Ils crurent la dynastie des Bourbons perdue, et ils s'attachèrent à la dynastie nouvelle. Pour eux, il y a une patrie là où on sert avec honneur.

Les émigrés qui rentrèrent en France avec Louis XVIII, en 1814, exprimèrent plus de colère contre les révolutionnaires, contre les bonapartistes, que de sensibilité au plaisir de revoir la France.

Je n'ai parlé jusqu'ici que des émigrés nobles.

Il y avait aussi des roturiers dans l'armée du prince de Condé. M. Jourdain voulut suivre don Juan dans l'émigration, et don Juan consentit à l'accueillir. Il y eut, dans l'armée des émigrés, un « Corps des chevaliers de la Couronne », qui devait se recruter, sans distinction, « dans la noblesse et dans la bonne bourgeoisie » (1). Un règlement du 19 août 1791 constitua des « compagnies bourgeoises », sur le même modèle que les compagnies nobles. Les Princes daignèrent complimenter ces roturiers, mais en maintenant les distinctions et en marquant les distances, de manière que M. Jourdain restât dans sa condition. On lit dans

_______________

(1) Th. Muret, *Histoire de l'émigration*, t. I, p. 35.

leur déclaration, en date du 1ᵉʳ novembre 1791 : « Les Princes, persuadés de l'utilité que rendront à la plus juste des causes les membres du Tiers état rassemblés auprès d'eux, les assurent qu'ils éprouveront de leur part les mêmes témoignages d'estime et de bienveillance que la noblesse émigrée, et leurs Altesses Royales s'emploieront à leur faire obtenir de Sa Majesté les grâces et les distinctions qu'ils mériteront sans doute par leur zèle et par leur valeur (1). »

Quel effet cette courtoisie hautaine, protectrice, produisit-elle sur le zèle royaliste de ces roturiers émigrés ? Trouvèrent-ils une patrie dans cette amitié dédaigneuse de leurs princes ? Attirés dans l'émigration par la vanité, eurent-ils assez de satisfactions d'amour-propre pour ne pas regretter la France ? Nous n'en savons rien. Nous n'avons d'eux ni mémoires, ni lettres, ni journaux. Nous ne connaissons même pas leurs noms, et il n'a été publié, que je sache, aucune liste des émigrés non nobles, non ecclésiastiques ; nous n'avons même aucune idée approximative de leur nombre (2).


## IV


Il faut dire aussi que tous les nobles n'émigrèrent pas. Il en est qui servirent la Révolution, même dé-

(1) *Ibid.*, p. 37.

(2) Il y aurait à faire un dépouillement méthodique des diverses listes d'émigrés publiées par le gouvernement républicain, et, pour l'armée des Princes, des documents conservés au ministère de la Guerre et aux Archives nationales.

mocratique, et qui la servirent avec autant d'éclat
que de sincérité (par exemple Condorcet, les deux
Le Peletier, Hérault de Séchelles). Il en est qui, n'aimant pas la Révolution, ne voulant pas la servir, restèrent quand même en France, par patriotisme. Ainsi,
après la prise de la Bastille, le comte Dufort de Cheverny, dans son château de Cheverny, en Blaisois,
reçoit des lettres d'amies qui, effrayées, avaient fui
en Suisse, et l'invitaient à les rejoindre avec sa famille, leur offrant l'hospitalité : « Nous nous consul-
tons, dit-il, nous sommes attendris de leurs proposi-
tions, mais nous avons une grande possession à
surveiller, des enfants à ne pas abandonner ; nous
voyons, du premier coup d'œil, que quitter son pays,
au moment où il est en danger, est une mauvaise
combinaison. C'est tout au plus ce que nous aurions
pu faire si nous avions été, comme elles, seuls et ne
tendant à rien. Nous pensons que le devoir est de
rester attachés à sa patrie et de contribuer, selon ses
faibles moyens, à rétablir l'ordre. Il nous semble que
notre présence au milieu de gens avec qui nous
vivons depuis trente ans, et auxquels nous avons
toujours fait du bien, doit nous procurer plus de
sûreté et de tranquillité que nous n'en trouverions
dans un pays où nous n'avons nulle connaissance, et
où nous ne pourrions nous soutenir qu'à force de dépenses. Nous motivâmes nos réponses dans ce sens,
et il n'en fut plus question (1). »

(1) *Mémoires*, t. II, p. 86.

Sans doute, le comte Dufort de Cheverny a écrit cela plus tard, et il a pu se produire en lui une déformation des souvenirs. Mais le fait est que, pouvant émigrer, il crut devoir rester en France. Peut-être ces nobles qui, ennemis de la Révolution, n'émigrèrent pas, obéirent-ils à ce patriotisme royaliste intelligent, dont Joseph de Maistre a donné cette formule saisissante : « Tant que le Roi est à sa place, il est lui seul la patrie ; au moment même où il disparaît, la patrie est tout, et c'est elle qu'il faut défendre à tout prix pour la rendre au roi (1). »


## V


Nous ne parlons des émigrés, de l'émigration que pour l'histoire du patriotisme. Les lois contre les émigrés et les discussions auxquelles ces lois donnèrent lieu sont intéressantes pour cette histoire.

Le 21 février 1791, à propos du départ de Mesdames, tantes du roi, l'Assemblée nationale chargea son Comité de Constitution de lui présenter un projet de décret sur les obligations des membres de la famille royale, et de lui faire un rapport sur la question de savoir si, dans un moment de crise, on peut empêcher les citoyens de sortir du royaume. Ce rapport fut fait par Le Chapelier le 23. Pour les membres de la

_______

(1) Joseph de Maistre, *Mémoire sur la position de la maison de Savoie en octobre 1813*, quatrième supposition.

famille royale, et aussi pour les fonctionnaires, Le Chapelier fut très net : oui, on peut les forcer à résider en France. Pour les citoyens, il ne dit ni oui, ni non, faisant surtout remarquer qu'il faut tâcher de « ne point alarmer la liberté ». Puis, l'Assemblée exigeant un projet de loi sur l'émigration des citoyens, il présenta une sorte de projet ironique, avec une affectation de despotisme, comme pour démontrer par l'absurde l'impossibilité de faire, contre l'émigration, une loi qui ne fût pas contraire aux principes de la Déclaration.

Merlin (de Douai), ce juriste qui aimait à colorer honorablement les mesures d'exception, objecta à Le Chapelier que Jean-Jacques Rousseau avait dit, dans le *Contrat social* : « Dans les moments de trouble, les émigrations peuvent être défendues. » Mais Mirabeau s'opposa avec fougue à toute mesure contre l'émigration, disant que c'est par de bonnes lois qu'il faut retenir les gens dans leur pays natal. Il s'écria : « Si vous faites une loi contre les émigrants, je jure de n'y obéir jamais ! » Embarrassée, incertaine, l'Assemblée renvoya la question à l'examen de ses Comités, c'est-à-dire qu'elle l'enterra (1).

Les circonstances l'exhumèrent bientôt.

En effet, dès la fin d'octobre 1791, l'attitude menaçante des émigrés força l'Assemblée législative à prendre des mesures. Dans le débat, Condorcet déclara que, si « tout homme a le droit de changer de

<hr>

(1) *Moniteur*, réimpr., t. VII, p. 443, 461, 503, 507, 510.

patrie », il a néanmoins des devoirs envers son ancienne patrie, sans parler « de ces obligations morales auxquelles on est tenu, même envers une patrie injuste ». Vergniaud, lui aussi, après avoir rappelé les méfaits de ces émigrés qui ont l'insolence de s'appeler « France extérieure », admit que l'on avait le droit de quitter sa patrie pour une autre, mais non celui d'être sourd à son appel, quand elle est en danger, et encore moins celui de la combattre (1). L'Assemblée législative n'hésita pas à rendre le décret du 9 novembre 1791, qui déclarait les émigrés suspects et les menaçait de mort. C'est en opposant son veto à ce décret que Louis XVI se brouilla avec la nation.

Lorsque, passant des menaces à l'action, les émigrés en armes eurent envahi la France, avec les Austro-Prussiens, quand ils eurent fait couler le sang des Français, la Convention nationale n'eut aucun scrupule à établir contre eux des lois terribles : tout émigré trouvé sur le sol français dut être passé par les armes.

Quand toute cette « France extérieure » fut enfin rentrée, sous Louis XVIII, les deux Frances, l'ancienne et la nouvelle, ne se réconcilièrent pas tout de suite.

Il y eut de vives querelles intestines, sous la première Restauration et au début de la seconde.

Mais la patrie nouvelle fut maintenue, et c'est dans

(1) Buchez et Roux, *Histoire parlementaire*, t. XII, p. 175, 179, 188.

cette patrie nouvelle que s'opéra la fusion, c'est-à-dire que la vieille France émigrée, vaincue, fut absorbée peu à peu par la nouvelle France, victorieuse.

Une grande partie des nobles familles émigrées est éteinte.

Les autres, restées ou non royalistes, mettent en fait la patrie au-dessus de tout.

Dans la guerre franco-allemande de 1870, les zouaves de Charette combattirent sous le drapeau tricolore contre l'envahisseur, si bien qu'on peut dire que cette guerre a achevé la fusion des Français, l'unité morale de la France, consacré la patrie nouvelle, la patrie telle que la Révolution l'a faite.

On a le sentiment que la récente guerre mondiale a cimenté à jamais cette patrie.

## VI

Il y eut aussi des « patriotes » qui émigrèrent.

Le plus illustre de ces patriotes est La Fayette, qui, on le sait, quitta la France après le 10 août, lui, l'ancien président de la Fédération nationale du 14 juillet 1790, le Père de la Patrie !

Il commandait alors l'armée du Nord.

Il lui sembla que la Constitution était violée, que son devoir était de la défendre contre les insurgés du 10 août, vainqueurs, même contre l'Assemblée législative, qu'il voyait pactiser avec l'insurrection. Sous son influence, la municipalité de Sedan fit arrêter trois commissaires de cette Assemblée. Mais les soldats de La Fayette ne le suivirent pas. Il fut décrété d'accusation le 19 août 1792. Désespéré, il résolut de quitter la France, avec quelques-uns de ses amis, généraux, ex-constituants, entre autres Alexandre de Lameth, La Tour Maubourg, Bureau de Puzy. Il adressa à son armée une proclamation d'adieu fort embarrassée, qu'il termina par des vœux ardents pour la liberté française.

Le plan de La Fayette et de ses amis était de gagner la Hollande, et, de là, un pays libre, avec lequel la France ne fût pas en guerre, l'Angleterre ou les Etats-Unis. Mais, à Rochefort, petite ville de l'évêché de Liège, donc en pays neutre, ils furent arrêtés par les avant-postes autrichiens.

Leur protestation exprime à la fois leur embarras et leur patriotisme : « Ils ne peuvent être considérés comme des militaires ennemis, et moins encore comme cette portion de leurs compatriotes que des intérêts, des sentiments ou des opinions, absolument opposés aux leurs, ont portés à se lier avec les puissances en guerre avec la France, mais comme des étrangers qui réclament un libre passage que le droit des gens leur assure et dont ils useront pour se rendre promptement sur un territoire dont le gouvernement ne soit pas actuellement en état d'hostilité contre leur patrie (1). »

Les Autrichiens livrèrent ces émigrés patriotes au

_______________

(1) Mortimer Ternaux, *Histoire de la Terreur*, t. III, p. 69.

roi de Prusse, qui les emprisonna dans des citadelles. Quand il fit la paix avec la France, à Bâle, en l'an III, il les remit à l'Autriche, qui les garda encore pendant un an à Olmütz. Ils furent enfin mis en liberté par une clause des préliminaires de Campo-Formio.

On ne peut pas dire que ces émigrés eussent, à aucun moment, cessé d'être des patriotes selon les principes de 1789.

Autre est le cas du général Dumouriez.

C'était un officier d'ancien régime, ce n'était pas un patriote de cœur et de principe. S'il avait juré le pacte de 1790, on peut supposer que ç'avait été du bout des lèvres.

Quand il eut perdu la bataille de Neerwinden (18 mars 1793), il fut mandé à la barre de la Convention, refusa de s'y rendre, fit arrêter les quatre commissaires de la Convention et le ministre de la guerre, Beurnonville, qui venaient lui signifier d'avoir à obéir, et les livra aux Autrichiens. Mais son armée ne le suivit pas dans sa révolte. Alors, il passa à l'ennemi avec quelques-uns de ses officiers, entre autres le duc de Chartres.

Il ne semble pas avoir porté les armes contre la France. Il erra, intrigua, écrivit. Sous Napoléon, il fut une sorte de conseiller militaire du gouvernement anglais, aux appointements de 1.200 livres sterling.

Il mourut oublié, en 1823, en Angleterre.

Quant au duc de Chartres (le futur Louis-Philippe), qui s'était distingué à Valmy et à Jemmapes, il ne participa alors à aucune entreprise contre la France.

Il résida d'abord en Suisse, comme simple particulier. Plus tard, avec ses deux frères, le comte de Beaujolais et le duc de Montpensier, il voyagea en Amérique (1797-1800). Tous trois se réconcilièrent avec Louis XVIII, qui leur accorda, en termes durs, « clémence » et « pardon ». Ils lui signèrent une déclaration de fidélité, et redevinrent princes français.

Sous Napoléon, le duc de Chartres (devenu duc d'Orléans) demanda à servir contre la France en Espagne. Fiancé, puis époux de Marie-Amélie, fille de Ferdinand IV, roi des Deux-Siciles, et de Marie-Caroline (1), il voulut défendre, par les armes, la cause des Bourbons contre Napoléon.

On a des lettres de lui, qui montrent à quel point cet ancien membre du club des Jacobins, cet ancien combattant de Valmy et de Jemmapes, avait cessé d'être « patriote ».

Ainsi, le futur Louis-Philippe écrivait au comte d'Antraigues, de Palerme, le 17 avril 1808, pour se vanter d'être dans le cas de rendre des services diplomatiques à l'Angleterre : « Ma position bizarre, disait-il, présente, il me semble, quelques avantages, que je puis m'exagérer, mais dont il me semble qu'on

(1) Il ne se décida à contracter cette alliance qu'après avoir demandé et obtenu la permission du gouvernement anglais. Voir sa lettre du 25 septembre 1806 au marquis de Wellesley, dans l'*Amateur d'Autographes*, année 1905, p. 206. Il y demande une faveur : « Cette faveur, c'est que je puisse continuer à jouir en Sicile comme si j'étais en Angleterre, de la pension que m'a accordée jusqu'à ce jour le gouvernement de Sa Majesté Britannique. »

pourrait tirer parti, qui est tout ce que je demande. Je suis prince français, et cependant je suis Anglais, d'abord par besoin, parce que nul ne sait mieux que l'Angleterre est la seule puissance qui veuille et qui puisse me protéger ; je le suis par principes, par opinions et par toutes mes habitudes, et cependant je ne parais pas un Anglais aux yeux des étrangers ; quand ils m'écoutent, ce n'est pas avec la même prévention que quand ils écoutent ce qui leur est dit par un ministre et par un général anglais ; et je pourrais donc, dans beaucoup de cas, établir cette conciliation et cette bonne intelligence dont le défaut a si souvent entraîné et même fait avorter les entreprises du gouvernement anglais. » Il ajoute qu'il reçoit de l'Angleterre une « protection » et un « traitement », qu'il n'est « nullement disposé à abandonner ».

Au mois de juillet de la même année, le duc d'Orléans écrivit à Louis XVIII : « J'ai demandé à être admis à l'honneur de servir dans les armées espagnoles contre Bonaparte et ses satellites, et Leurs Majestés (Siciliennes) ont daigné me l'accorder. »

De Cagliari, le 20 mai 1809, il écrit : « ... Il y a en Espagne, à Naples, en Dalmatie, des armées françaises qui vont se trouver, je l'espère au moins, dans des positions désastreuses. »

Le 4 mai 1810, le Conseil (espagnol) de régence offrit au duc d'Orléans le commandement d'une armée en Catalogne. Il accepta, et vint à Tarragone. Mais les succès des Français rendirent sa démarche inutile. Il passa à Cadix. On ne l'employa finalement pas, quoiqu'il s'offrît avec zèle. On le fit rembarquer dans cette même année 1810.

Je crois bien que l'ex-duc de Chartres est le seul patriote jacobin chez qui se soit produit une éclipse aussi complète du patriotisme (1).


## VII


D'autres émigrations de patriotes, de révolutionnaires intéressent l'histoire du patriotisme français.

Je ne dirai qu'un mot de l'émigration de quelques Girondins. On sait que Louvet, en l'an II, se réfugia dans le Jura suisse, où il se cacha sous un faux nom.

(1) Des trois lettres dont je viens de donner des extraits, celle qui est adressée à Louis XVIII a été publiée dans l'ouvrage intitulé : *Correspondance, mémoires et discours inédits de Louis-Philippe d'Orléans*, Paris, 1863, in-8° (Bibl. nat., Lb ⁵¹/4538); les deux autres ont paru dans la *Gazette de France* du 11 janvier 1842, puis en brochure (Bibl. nat., Lb⁵¹/90, in-8°). Voir, à la fin de cette brochure, une curieuse lettre de « la Contemporaine », qui avait déjà publié ces lettres en Angleterre. Dans un procès fait au journal *la France*, qui avait publié des lettres de Louis-Philippe à Talleyrand, Berryer, qui plaidait pour ce journal, produisit le témoignage écrit du marquis Henri-Auguste de La Rochejaquelain, affirmant avoir eu entre les mains les originaux autographes des lettres publiées par la *Gazette de France*. Voir aussi dans le *Bulletin d'autographe* d'Étienne Charavay, n° d'octobre 1897, une lettre de Nicolas de Broval, secrétaire du duc d'Orléans, à propos de ces affaires d'Espagne. Il s'y réjouit d'un bruit qui lui est arrivé du massacre de 11.000 Français dans le royaume de Valence : « J'espère, dit-il, que nous recevrons sous peu la confirmation de ces excellentes nouvelles. »

Il ne quitta la France que pour sauver sa vie, et il y
rentra après le 9 thermidor, avec un patriotisme
intact. Dulaure, Bonet (de la Haute-Loire), Vernier (du
Jura), Vitet (de Rhône-et-Loire), passèrent également
en Suisse. Chasset (de Rhône-et-Loire), un des artisans
de la sédition lyonnaise, sorti de Lyon en juillet 1793,
passa de même en Suisse, et erra jusqu'à Constanti-
nople. Aucun de ces fugitifs n'entreprit rien, à l'étranger, contre la France. Tous rentrèrent à la Convention sous la réaction thermidorienne, et leur émigration fut ignorée du public (1).

Un montagnard, Saliceti, menacé d'arrestation
après les journées de prairial an III, émigra. Le
1er thermidor an III, il écrivit de Gênes au Comité de
salut public pour demander qu'il lui fût promis de
rentrer à la Convention (2). L'amnistie du 4 brumaire an IV lui rouvrit les portes de la France.

Dans les papiers de Drouet, on a retrouvé un projet
d'émigration des républicains, pour le cas où la réaction triompherait. Mais ce ne fut qu'un projet, ou
plutôt ce ne fut qu'une boutade (3).

Parmi les patriotes émigrés, le seul qui ait vraiment
renié, vendu la patrie, le seul qui ait été un vrai

(1) Voir le livre de M. Perroud, *la Proscription des Girondins*
(1917). Autre est le cas de Delahaye (de la Seine-Inférieure),
qui n'émigra point, mais alla chez les Chouans.

(2) Voir mon *Recueil des actes du Comité de salut public*,
t. XXV, p. 573.

(3) Mlle Lévi, *Le retour de Drouet*, dans la revue *la Révolution française* de septembre-octobre 1916.

traître, c'est le général Pichegru. On sait qu'il s'entendit secrètement avec Louis XVIII. M. Caudrillier, dans sa thèse de doctorat, a donné les preuves de cette trahison. Ce n'est point l'erreur d'un patriote, c'est l'aventure d'un ambitieux, d'un renégat. Déporté au 18 fructidor, il s'évada de Cayenne, rentra en Europe, intrigua contre la France, conseilla les Anglais, conspira contre le Premier Consul, fut arrêté à Paris (1804), et mourut dans sa prison, soit par suicide, soit assassiné.

<h2 style="text-align:center">VIII</h2>

Plus intéressant pour notre sujet, et aussi plus complexe, est le cas du général Moreau, qui, tué dans les rangs ennemis en 1813, ne peut cependant pas, comme Pichegru, être purement et simplement qualifié du nom de traître. Ce ne fut même pas un émigré dans la vraie acception du terme, mais plutôt un exilé, et qui, odieusement persécuté et toujours fidèle au fond du cœur à la France de la Révolution, crut ne combattre que Napoléon, qui lui semblait trahir cette France.

Il faut se rappeler qu'en 1804 Moreau était une grande et pure figure républicaine, ou plutôt la plus grande et la plus pure de toutes. Il avait, en 1790, présidé la première fédération bretonne-angevine (1), qui accéléra la Révolution, et il était donc un des pères de la patrie nouvelle.

(1) Voir plus haut, p. 178.

Sa gloire militaire était resplendissante.

Aujourd'hui, cette gloire est obscurcie, à demi oubliée, tachée par l'erreur finale. Alors, elle était, non pas plus illustre que celle de Bonaparte, mais plus récente, plus fraîche. Ce n'est pas la victoire de Bonaparte à Marengo qui avait mis fin à la guerre, forcé l'Autriche à la paix : c'est la victoire de Hohenlinden, remportée ensuite par Moreau, qui avait abattu définitivement l'Autriche.

Bonaparte avait eu beau donner le change à l'opinion, essayé de faire le silence sur le haut fait de Moreau. Il n'en était pas moins réel que c'était Moreau qui avait conquis à la France cette paix après laquelle elle soupirait depuis tant d'années. Sans doute, la masse du peuple, paysans, ouvriers, continuaient à rapporter tout succès à Bonaparte ; mais les Français instruits savaient à quoi s'en tenir, et, dans leur esprit, le génie militaire de Moreau contre-balançait celui du Premier Consul.

Sa gloire leur semblait même plus solide et plus pure. On le voyait économe du sang des soldats, prudent, nullement charlatan, étranger au mauvais esprit militaire, au prétorianisme, au chauvinisme.

Son attitude, son existence même étaient gênantes pour Bonaparte.

Après la victoire de Hohenlinden, placé dans la position de général en inactivité, il s'était confiné dans la retraite, vivant tantôt à Paris, tantôt dans sa maison de campagne de Grosbois, loin de toute intrigue, se refusant à toute conspiration. Il disait, d'après

Garat : « Nous ne valons rien pour conspirer ; mais je connais un conspirateur auquel il n'échappera pas : c'est lui-même. Il va se perdre dans ses folies. »

Bonaparte ne pouvait même pas lui reprocher d'être un opposant, puisque, avec la naïveté des libéraux d'alors, il avait collaboré au coup d'Etat du 18 brumaire, croyant servir ainsi la Révolution.

Mais l'abstention de Moreau est une épigramme constante. Il refuse de servir, d'être courtisan. Il ne veut pas entrer dans la Légion d'honneur. Il reste *à côté* du nouveau système gouvernemental, bien plus dangereux que s'il conspirait.

Depuis qu'on a compris la vraie portée du coup de brumaire, depuis que Bonaparte a pris figure de tyran, Moreau est le héros, l'espérance des républicains désabusés et opposants, des « idéologues », de quiconque s'effraie du despotisme grandissant. On se dit que, si Bonaparte va trop loin, il y a Moreau, chef désigné de tout mouvement de résistance à l'oppression. Si Bonaparte perd une bataille, s'il est absent ou compromis, il y a Moreau. Et, de fait, si, en 1812, l'initiative que prit le général Malet, personnage de second plan, avait été prise par l'illustre Moreau, les choses eussent autrement tourné. (Et qui sait si, Moreau étant en France, Napoléon aurait osé écouter sa folle ambition, s'enfoncer en Russie ?)

L'idée de Moreau était le cauchemar de Bonaparte. Il sentait qu'il ne pourrait se faire empereur qu'en se débarrassant de Moreau.

C'est alors, en 1804, qu'il l'attira par sa police dans le piège d'une entrevue avec Pichegru et qu'il l'engloba dans la conspiration de Georges Cadoudal. Son innocence était si évidente que la Commission spéciale (sorte de tribunal révolutionnaire) qui jugea la conspiration l'acquitta d'abord ; puis, sous la pression gouvernementale, à la majorité de 8 voix contre 3 et une abstention, le condamna à deux ans de réclusion, verdict qui innocentait Moreau devant l'opinion. Car s'il avait été vraiment convaincu comme Georges Cadoudal, non de tentative d'assassinat (ainsi que le veut une légende bonapartiste), mais, selon les termes du jugement, « d'avoir pris part à une conspiration tendant à troubler la République par une guerre civile, en armant les citoyens les uns contre les autres et contre l'exercice de l'autorité légitime », est-ce qu'une peine de deux ans de réclusion correspondait à un tel crime, à un crime qu'en même temps Georges Cadoudal payait de sa tête ?

L'odieuse marche du procès, la perfidie de l'instruction, la loyauté candide de Moreau, la pression exercée sur les juges avaient plutôt grandi le rival du Premier Consul (1).

(1) Je n'ai pas voulu raconter le procès de Moreau, mais seulement rappeler les faits et incidents qui expliquent la déviation finale du patriotisme de Moreau. Sur ce procès, il faut lire surtout : *Recueil des interrogatoires subis par le général Moreau* (Bibl. nat., Lb⁴³/274, in-8°) ; *Procès de Georges Cadoudal, Pichegru et autres* (Lb⁴¹/369, 8 vol. in-8°). Sur ce qui se passa dans la délibération secrète du tribunal, on a le témoignage de deux des juges : Lecourbe, *Opinion sur la*

Déçu, irrité, Bonaparte ne savait quel parti prendre. Moreau en prison resterait l'espérance de ses ennemis. Le faire disparaître, comme Pichegru avait disparu, c'était raide. Il feignit de croire que Moreau désirait une commutation de peine, que désirait M^me Moreau. On l'exila. On l'embarqua à Cadix pour les État-Unis.

Il y vécut dans la retraite, s'occupant d'agriculture.

Mais les odieuses injustices dont il avait été victime lui firent haïr la tyrannie de Napoléon comme ruineuse pour la France. Il en vint peu à peu à croire que le vrai service à rendre à la France, c'était de la délivrer de son tyran.

En 1812, pour le malheur de sa mémoire, on le décida à revenir en Europe, chez les adversaires de Napoléon.

Il était dans les rangs de nos ennemis, sans commandement, mais en conseiller, quand un boulet français le frappa mortellement près de Dresde. Il mourut quelques jours après, le 2 septembre 1812. On lui prête ce propos dans son agonie : « Ce coquin de Bonaparte a toujours de la chance ! » En effet, Moreau parut mourir traître à sa patrie, et cela, dans l'histoire, débarrassa la gloire de Napoléon d'une rivalité.

Traître ? Il se figurait sans doute faire acte de patriote en combattant le tyran de sa patrie. Trop intelli-

conspiration de Moreau, 1814, in-8º (Bibl. nat., Lb⁴⁴/337), et de Rigault de Rochefort, dont l'écrit posthume a été publié par le commandant Ernest Picard, dans la *Revue de Paris* du 15 septembre 1906.

gent pour ne pas comprendre qu'en abattant Napoléon
on ramenait les Bourbons, il s'était sans doute résigné
à cette éventualité, où, à l'exemple de plus d'un de ses
amis restés en France, il voyait une chance pour la
liberté.

Sa conduite n'indigna nullement la petite élite qui,
à Paris, avait pris en haine le despotisme de Napoléon.

Quand l'empereur fut tombé, dans l'interrègne entre
l'empire et la monarchie, une manifestation significa-
tive eut lieu au Sénat conservateur. Un contemporain (1) assure que, dans la séance du 20 avril 1814,
Lanjuinais proposa de déclarer « que le général Moreau a toujours mérité l'estime publique et la reconnaissance de la patrie ». Cette proposition, soutenue
par Garat, Lambrechts et autres, fut renvoyée à une
Commission, pour en faire son rapport sous un mois,
quand le nouveau gouvernement constitutionnel serait organisé.

Bientôt, la Restauration accapara la mémoire de
Moreau, et alors les libéraux cessèrent de s'en réclamer. M^me veuve Moreau devint « la maréchale Moreau ». Une ordonnance du 27 février 1816 décida qu'il
serait élevé une statue à Moreau (ainsi qu'à Pichegru).
Le 26 juillet 1822, le député libéral Basterrèche, à propos du budget, parla contre ce crédit. Ses paroles ont
de l'intérêt pour l'histoire du patriotisme. Il se déclare
ami, confident de Moreau : « J'avais, dit-il, conspiré

(1) Paul de Svinine, *Détails sur Moreau* (Bibl. nat., Ln
²⁷/14790, in-8°).

avec lui ; j'ai consolé tous ses pas dans l'exil. Je voulus le ramener de Cadix ; sa route était tracée ; j'en avais assuré le commencement. Plus d'un de nos braves l'attendait autour de son pays natal, et, depuis la Garonne jusqu'au milieu de son armée, il n'eût plus marché qu'entouré de son état-major, et comme général d'armée. Mais alors, repoussant mes offres, sa réponse fut toujours : *Je ne ferai jamais la guerre à mon pays.* » Et cependant une fatale destinée l'empêcha de mourir irréprochable. Une statue ? Oui, mais dans un oratoire particulier : « Député de la France, je vote contre la statue du général Moreau comme monument public. »

La Chambre ne se rangea pas à l'avis de Basterrèche ; elle vota le crédit.

C'est ainsi que le parti libéral, où il y avait des bonapartistes et des républicains, désavoua l'acte final de Moreau, finit par y voir une trahison envers la patrie, et les anti-royalistes rangèrent ce « traître » parmi les royalistes.

Nous avons, au point de vue de l'évolution du patriotisme, parlé des émigrés, soit royalistes, soit patriotes. Il resterai à parler des Français insurgés en France contre la patrie nouvelle et aussi de ces étrangers au service de la France, qui étaient comme des « sans-patrie ». On a vu, dans l'Avant-propos, pour quelles raisons cette étude reste incomplète.

# TABLE DES MATIÈRES

—

SAINT-AMAND (CHER). — IMPRIMERIE BUSSIÈRE.

www.ingramcontent.com/pod-product-compliance
Lightning Source LLC
LaVergne TN
LVHW021146050726
842519LV00002B/526